DOENTES E PARENTES

CONSELHO EDITORIAL
Ana Paula Torres Megiani
Eunice Ostrensky
Haroldo Ceravolo Sereza
Joana Monteleone
Maria Luiza Ferreira de Oliveira
Ruy Braga

DOENTES E PARENTES

Composições de governo na Estratégia Saúde da Família

Everton de Oliveira

alameda

Copyright © 2018 Everton de Oliveira

Grafia atualizada segundo o Acordo Ortográfico da Língua Portuguesa de 1990, que entrou em vigor no Brasil em 2009.

Edição: Haroldo Ceravolo Sereza
Editora assistente: Danielly Teles de Jesus
Projeto gráfico, diagramação e capa: Dafne Ramos
Assistente de produção: Luara Ruegenberg
Assistente acadêmica: Bruna Marques
Revisão: Alexandra Colontini

Este livro foi publicado com apoio da Fapesp – processo n° 2015/07285-6

CIP-BRASIL. CATALOGAÇÃO-NA-FONTE
SINDICATO NACIONAL DOS EDITORES DE LIVROS, RJ

O51d

    Oliveira, Everton de
        Doentes e parentes : composições de governo na Estratégia Saúde da Família / Everton de Oliveira. - 1. ed. - São Paulo : Alameda.
        192 p. : il. ; 21 cm.

        Inclui bibliografia

        1. Etnologia. 2. Etnologia - Brasil. 3. Antropologia. I. Título.

16-35658   CDD: 306
                         CDU: 316

ALAMEDA CASA EDITORIAL
Rua 13 de Maio, 353 – Bela Vista
CEP 01327-000 – São Paulo, SP
Tel. (11) 3012-2403
www.alamedaeditorial.com.br

Para Carla e Juca, para minha família, para meus avós.

SUMÁRIO

PREFÁCIO 9

AGRADECIMENTOS 13

INTRODUÇÃO 19

São Martinho, formação e constituição de um sistema de saúde 24
O hunsrik 26
Construção de um sistema de saúde 28
A Estratégia Saúde da Família em São Martinho 31
Entrada em campo e opções de pesquisa 32
Problemas de pesquisa 37
Estrutura do texto e divisão dos capítulos 46

1. A CLÍNICA SÃO MARTINHO 51

Trajetórias e composição da equipe 52
Atendimentos: rotina e consultas 55
A rotina dos atendimentos na Clínica São Marinho 55
A cena do consultório 58
Diálogo, depressão e controle 67
Partilha e controle: a construção do vínculo 75
a partir da rotina das agentes comunitárias de saúde
O cotidiano das visitas 77
Uma população de pacientes 82
Resistências 84
Os ansiosos e a ameaça ao sistema 85
A equipe no cotidiano: queixas, acusações e fofocas 89
Condutas e tramas de sociabilidade: 92
singularidades da população atendida

2. TRABALHO E FAMÍLIA: SOBRE O COTIDIANO DOS ALEMÃES 95

Os alemães e o trabalho 96
Clubes, jogo e bebida: sociabilidade e subjetividade do homem alemão 100

As fábricas, a roça, e o trabalho: 109
a ética e a moral entre os alemães
Família entre os alemães 119
Família e parentes 119
A comunidade e as famílias 120
A casa e o trabalho: diferenciar a família e os parentes 122
Os alemães e os de fora: os xwarts não são parentes 125
A religião e o hunsrik: o que é próprio à São Martinho 126
Católicos, evangélicos e crentes 126
O hunsrik 131
Uma comunidade de alemães 133

3. *POLÍTICA* E GOVERNO: ADMINISTRAÇÃO PÚBLICA DA SAÚDE EM SÃO MARTINHO 137

O governo e a política 138
A divisão entre grupos rivais e 139
a ocupação da administração pública
Uma trajetória da terra: a versão de Paulo 141
Uma disputa pessoal: a versão de Zeca 144
Um projeto para a Saúde: a versão de Júlio 145
Compondo governo 146
Composições de governo na gestão da saúde 148
Os espaços de deliberação pública: primeiro modo de publicização 148
As vias de comunicação: segundo modo de publicização 154
A política e a gestão da saúde 157
"Política é brincadeira!": a disputa no cotidiano 158
As notícias e os avisos durante a política 163
Pós-eleições: a saúde nas linhas da família e do governo 165
Voto, famílias e demissões na Saúde 165
Uma nova administração da saúde pública: 168
a parceria entre Fernando e Nanci
O governo e a política da saúde 171

CONSIDERAÇÕES FINAIS 175

BIBLIOGRAFIA 181

PREFÁCIO

Este livro nos leva à cidade de São Martinho, na Serra Gaúcha, no Brasil. Nessa pequena cidade fala-se uma língua, entretanto, incompreensível para mais de 95% dos brasileiros. Quase ninguém fora dali conhece São Martinho, um dos mais de 5300 municípios do país. Lá em São Martinho os pobres são, em grande maioria, brancos, cabelos claros, olhos azuis. Nessa cidade de economia rural, a implementação das políticas de saúde também é feita de modo muito próprio, contextual, situado. Por que é que um sociólogo, gente tradicionalmente interessada nas "generalizações", nas médias estatísticas ou nas tendências de comportamento em era de "globalização", se interessaria justamente por São Martinho?

Porque Everton Oliveira é, em primeiro lugar, também um sociólogo muito singular. Daqueles raros que entenderam – e por isso ultrapassaram as barreiras disciplinares – que o mundo todo, da perspectiva de quem o vive, é sempre singular, contextual, situado. E que para ser apreendido em profundidade, o contexto importa muito. Mas também porque ele sabe que a diferença, a singularidade, é mote para o pensamento quando se confronta com outra singularidade. E que o mundo social – de ações entre sujeitos diferentes – se faz justamente no choque de singulares, o tempo todo. Georg Simmel pensou sua teoria social, como Max Weber, a partir de premissas tão simples assim, tão sólidas assim. O mundo de São Martinho tocou o mundo de Everton Oliveira, criado em outras paragens, e produziu seu pensar *in between*, no meio dessa diferença. Daí o pulo do gato: de seu pensamento social e político, calcado no trabalho rigoroso – e no compromisso ético com o mundo – surge um livro sobre singularidades, que no entanto se comunicam com nossas singulares percepções do mundo. Do choque entre essas singularidades, e a dos leitores, surgem outros saberes. Saberes em código aberto, portanto. Mas não se trata de um livro de teoria social, e etnográfica, apenas. Para aqueles interessados na Estratégia de Saúde da Família - profissionais, usuários, formuladores de políticas - não há leitura mais indicada. Porque da singularidade de São Martinho, se nota como as políticas federais de Saúde produzem efeitos paradoxais ao menos em três planos: em primeiro lugar, na esfera dos indivíduos, criação moderna que insiste em ser reconstruída nos atendimentos de São Martinho, como em todos os outros; neste plano, o tema da psiquiatrização individual dos efeitos de conflitos sociais contemporâneos me parece central, é nitidamente trabalhado pelo autor. Em segundo lugar, nota-se como o plano da "saúde", enquanto representação prática, é densamente povoado de percepções sobre trabalho e família, e como essa tríade é moralizada pelo pertencimento religioso, pela tradição. Não há Estado laico ou democracia, na perspectiva social trazida por Everton Oliveira. Essas ficções cedem ao realismo de seus relatos, densamente trabalhados em diários de campo. Assim em São Martinho, mas não apenas ali. O terceiro plano analítico de seu trabalho, cada um tratado em um capítulo, é o dos modos de governar. Disputas de poder, lógicas guerreiras entre grupos rivais, clãs em confronto. A pacata cidade do interior se mostra então como cenário de disputa por recursos, prestígio, interesses, dinheiro, que circulam para bem longe dela mesma. Realpolitik, políticas públicas, políticas do cotidiano. Temas centrais ao debate comtemporâneo, analisados aqui sob a perspectiva situacional. Níveis distintos de elaboração de um diagrama político específico, como os diagramas específicos nos quais vivemos. São Martinho não está fora de nosso mundo, há formas sociais que aproximam seus *alemão* de nós, em nossas diferenças. São Martinho não está em nós, mas nos ensina.

    Everton Oliveira faz parte, sem nenhuma dúvida, de uma geração muito profícua de etnógrafos do conflito social brasileiro. Etnógrafos da política, num Brasil que muda radicalmente. A renovação acadêmica e política produzida por essa geração - e expressa também nesse livro - ainda não está sequer esboçada, mas me parece apontar para mudanças de grande envergadura nos modos tradicionais de pensar tanto o Brasil, como as Ciências Sociais. Um privilégio ter acompanhado este trabalho em sua elaboração, e agora tê-lo disponível nas mãos como livro. Seguramente, será o primeiro de muitos do autor. Aos leitores desse trabalho intenso, de extrema competência, apenas uma recomendação: não subestimemos o que São Martinho tem a nos oferecer.

Gabriel de Santis Feltran
20/11/2015

AGRADECIMENTOS

O início de uma série justa de agradecimentos é sempre uma posição arriscada: corre-se o risco de que pessoas fundamentais sejam esquecidas, pessoas que certamente me apoiaram nessa trajetória que implica a realização de um mestrado e de seu trabalho final, que agora apresento em formato de livro. Assim sendo, dividi os agradecimentos em blocos, sem surpresas.

Não tenho palavras para agradecer a confiança da Fundação de Amparo à Pesquisa do Estado de São Paulo (FAPESP). Não apenas disponibilizou minha bolsa de mestrado, sem a qual minha pesquisa sequer haveria saído do papel, como também financiou parte da publicação deste livro, em conjunto com a Alameda Casa Editorial.

Agradeço igualmente a Coordenação de Aperfeiçoamento de Pessoal de Nível Superior (CAPES), que me concedeu, anteriormente à FAPESP, sete meses de bolsa, fundamentais para os estágios iniciais de meu mestrado. Agradeço também o Centro Brasileiro de Análise e Planejamento (CEBRAP) que, via Centro de Estudos da Metrópole (CEM) e NaMargem – Núcleo de Pesquisas Urbanas, financiou minha primeira viagem a campo, em 2011, quando eu ainda não dispunha de financiamento.

Ao Programa de Pós-Graduação em Sociologia (PPGS) da Universidade Federal de São Carlos (UFSCar), agradeço pela acolhida, confiança e disponibilização dos recursos e materiais necessários para a realização de meu mestrado e de minha pesquisa. Deixo igualmente meu agradecimento à Silmara Dionísio, secretária do Programa, e à Luciane Cristina de Oliveira, secretária do Departamento de Sociologia (DS) da UFSCar, com quem pude contar sempre que me vi perdido frente à burocracia acadêmica. Aos docentes do PPGS agradeço pela formação, confiança e diálogos. Agradeço em especial a Maria Inês Rauter Mancuso, que custeou o envio de minha dissertação ao Concurso Anpocs de 2014 após a seleção interna do programa, num ato de generosidade que jamais será esquecido. Veio dela grande parte do incentivo em persistir na publicação de minha dissertação.

Aproveito para agradecer às novas amizades construídas já em meu doutorado, no Programa de Pós-Graduação em Ciências Sociais, que curso no Instituto de Filosofia e Ciências Humanas (IFCH) da Universidade Estadual de Campinas (Unicamp). Agradeço ao meu atual orientador, Ronaldo Almeida, que me apoiou e me apoia em todos os meus projetos, e que gentilmente aceitou participar também deste livro. Aos diálogos estabelecidos no Laboratório de Antropologia da Religião (LAR), agradeço a todas e todos os participantes – e porventura também amigas e amigos –, que me apresentaram uma nova bibliografia e demonstraram incrível paciência para com minhas dúvidas. Agradeço também às amizades que cresceram entre as disciplinas, eventos e mesinhas do IFCH, especialmente a Larissa Nadai, Julian Simões, Leonardo Dupin, Cilmara Veiga, Rafaela Etechebere, Anna Paula Araújo, Ana Paula Sales, Ernenek Mejìa Lara, Mariana Petroni, Letícia Ferreira, Soraya Maite Yie, Juan Felipe García, Isabel Noronha e Darío Muñoz Onofre.

Às amigas e amigos de São Carlos, listo arbitrariamente aqui aqueles e aquelas que a saudade me traz à memória rotineiramente, como Marco Aurélio Ribeiro, Renan Pereira, Guilherme Floeter, Gabriel Peret, Daniel Peret, Mariana Camargo, Horácio Ramalho, Thomas Benson, Alvaro Brolo, Franciele Gomes dos Santos, Fernanda Carbonari, Karina Silveira, Vanessa Perin e Marília Lourenço. A estes, devo boa parte de meu processo criativo, em conversas e divagações que apenas entre amigos temos coragem de fazer.

Agradeço, enfim, ao meu orientador de mestrado, Gabriel de Santis Feltran. Parece de praxe ressaltar a paciência dos orientadores, mas, de fato, sua paciência era de invejar, especialmente para com meus textos. Uma frase repetia-se em nossas conversas: "não é preciso criptografar, que diálogo isto produz?". Com esta premissa esforcei-me cada vez mais para deixar meus textos limpos, apesar do vício prolixo que insistia em se manifestar em minhas "primeiras versões". Devo o ordenamento de meu pensamento a Gabriel, que deixava claro aquilo que parecia incorrigível. Devo também este livro a ele, que jamais ficou em dúvida quanto a publicá-lo ou não, quando eu mesmo jamais deixei de ter dúvidas.

Aos moradores e moradoras da Encosta da Serra, agradeço a solidariedade e contribuição sem tamanho para minha pesquisa. Sem sua disponibilidade, sequer o projeto poderia ser escrito. Jamais terei palavras para agradecer a estas pessoas que me permitiram entrar em suas casas, em seus locais de trabalhos, em suas consultas ou em seus eventos sociais. A elas, dedico também este trabalho, que lhes deve sua razão de ser. Momento oportuno, em que reviso este texto novamente na Encosta da Serra, revendo amigos e amigas para os quais espero fazer jus com este livro.

Por fim, a Carla Souza de Camargo, a quem amo, agradeço pelo apoio em todas as horas, por me dar forças durante todas as etapas deste trabalho. Ao Juca, pela parceria incondicional. À minha família, agradeço pelo apoio de todos esses anos, em uma trajetória que às vezes se mostra demasiadamente vagarosa, recheada de ausências, recompensada por pequenos momentos como este.

Estado do Rio Grande do Sul

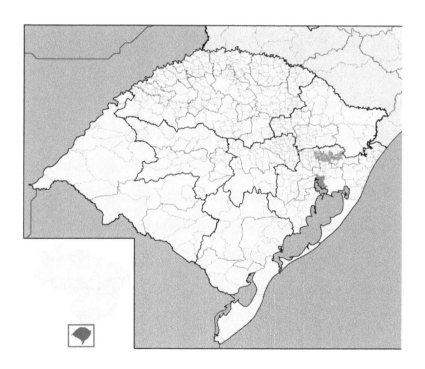

Porto Alegre

Os municípios da Encosta da Serra

São Martinho

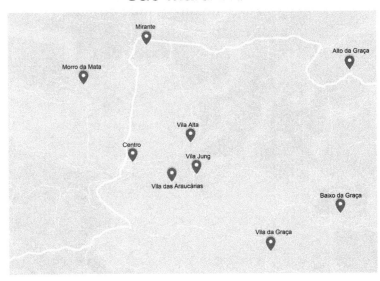

INTRODUÇÃO

Paciente 1 – Homem, 52 anos – Já era paciente de Fernando, e estava lá principalmente por dois motivos: bebida e gordura. O problema para Fernando, é que ele não cessara de consumir a mesma quantidade de bebida e gordura que consumia desde a última consulta. Fernando pediu para que ele mostrasse a quantidade de álcool que estava consumindo, o paciente mostrou "um tanto assim", indicando como a mão, "uma caipira". Fernando, então, não pediu para ele parar com a bebida, mas para diminuir para "um tanto assim", e mostrou uma quantidade menor com a mão. Além disso, lhe explicou como o álcool pode afetar o fígado, além de lhe dar outras explicações sobre os cuidados do dia-a-dia. (Caderno de Campo, 06/07/2011).

"Mas alemão bebe!" Rubens contou que no dia em que se comemorou os 30 anos de ministério do padre Luís, que estava deixando a Igreja Matriz, o padre que financiou seu seminário, que é da Alemanha, mandou outro padre para São Martinho comemorar com ele e depois acompanhá-lo até a Alemanha. "Everton, você tinha que ver! Ele bebeu mais do que todo mundo, e não deu uma tropeçada. A gente ofereceu uma caipira pra ele, ele pegou a garrafa de cachaça e tomou no gargalo." (...) "O Dr. Fernando vira e mexe fala sobre a gente comer muita gordura, muita graxa. Mas, sim, a gente come muita graxa, mas não come um monte de porcariada que tem nessa comida industrializada". (Caderno de Campo, 13/01/2013).

> *Então, Júlio disse: "Agora eu que vou pedir uma coisa pro senhor...". Pensei: "Aí vem...". Júlio me pediu para ligar para o jornal de Germana, e falar com a.... Não lembro o nome. Disse: "O senhor sabe, santo de casa não faz milagre... Mas santo de fora...". Pediu-me para ligar para o jornal para eles publicarem uma matéria sobre minha pesquisa. Ele quer que eu ligue para o jornal para falar um pouco sobre a experiência da ESF em São Martinho. Pelo que entendi, o jornal anda falando um pouco mal sobre a saúde de São Martinho, o que é ruim para a campanha.* (Caderno de Campo, 12/07/2012).

O município que aqui chamo de São Martinho[1] possui uma história similar aos municípios que o cercam, na região da Encosta da Serra, Rio Grande do Sul. Ocupado em meados do século XIX por imigrantes alemães, formou-se enquanto uma comunidade de parentes, que construíam suas casas principalmente no vale que se formava na região central do município, mas também em seus platôs – um deles, justamente, chamado de Mirante. Os que participam desta comunidade chamam-se *alemães*. Os *alemães* não estão vinculados a São Martinho: espalham-se pela Encosta da Serra, na qual o maior município é Germana, com cerca de 27.000 habitantes, vizinho de São Martinho, que possui pouco mais de 6.000 habitantes (IBGE, 2010). Diferentemente dos municípios que se encontram na Serra Gaúcha, a Encosta da Serra não participa do mesmo apelo turístico, valendo-se de suas indústrias e de sua agropecuária como principais atividades econômicas. Neste cenário que parece fechar-se para fora, a Estratégia Saúde da Família (ESF), enquanto uma política pública federal que busca organizar boa parte da Atenção Básica oferecida pelo Sistema Único de Saúde (SUS), parece ocupar um lugar artificial, frente às dinâmicas próprias a São Martinho. Nas páginas que se seguem, aposto justamente na hipótese contrária.

---

[1] Todos os nomes – e sobrenomes – de pessoas, lugares, cidades ou instituições, assim como as datas oficiais, diretamente relacionadas à pesquisa, foram alterados. A alteração procura evitar qualquer tom denunciativo ou jornalístico a este texto, assim como busca preservar a identidade de meus colaboradores de pesquisa, sem os quais esta dissertação não poderia ser escrita.

A ESF possui uma história político-institucional, uma história abrangente, que dá justamente a impressão de sua independência em relação às experiências locais. Buscar abarcá-la por esta perspectiva oferece alguns caminhos comuns. O ponto de partida costuma situar-se em um antecedente histórico, a reforma sanitária. A abrangência deste termo inclui alguns acontecimentos: a reforma universitária de 1968, que criou os Departamentos de Medicina Preventiva em todas as faculdades de medicina no Brasil (Escorel, 2008, p. 393-397); a composição do movimento sanitarista, a partir de campos distintos de atuação, como a academia, o movimento de Médicos Residentes da Renovação Médica e o Cebes (Centro Brasileiro de Estudos da Saúde) (Escorel, 2008, p. 407); e a convocação para a 8ª Conferência Nacional de Saúde, que passou a ser encarada como a consolidação das propostas do movimento sanitarista, assim como ofereceu os princípios para a criação do Sistema Único de Saúde (SUS) e para a formulação do capítulo sobre seguridade social da Constituição de 1988 (Weber, 2006, p. 70-71; Escorel, 2008, p. 428-429).

O SUS partiria de uma organização de seus espaços e canais de atendimento que incluiria cada ente federativo – União, estados e municípios – em sua gestão. É definido na lei 8.080, de 1990, como o "conjunto de ações e serviços públicos de saúde, prestados por órgãos e instituições públicas federais, estaduais e municipais, da administração direta e indireta e das fundações mantidas pelo Poder Público" (*apud* Noronha *et al.*, 2008, p. 438). Com sua ênfase na descentralização e integralidade dos serviços de saúde, o modelo de Atenção Primária à Saúde (APS) entrou em vigor no Brasil, sendo chamado de Atenção Básica à Saúde (Giovanella e Mendonça, 2008, p. 583). A formulação do Programa Saúde da Família (PSF) foi estimulada por estes antecedentes e se materializou na Portaria MS n. 692, de dezembro de 1993. Como estratégia, a Saúde da Família foi explicitada na Norma Operacional Básica do SUS de 1996 (NOB SUS 01/96). Um dos propósitos da agora Estratégia Saúde da Família (ESF) era colaborar na organização do SUS em seu processo de municipalização, promovendo a integralidade do atendimento e estimulando a participação da comunidade por meio da reorganização das práticas de trabalho. Integra-se, nesta política, o Programa de Agentes Comunitários de Saúde (PACS), ponto de partida da implantação da ESF, o Programa de Saúde da Família (PSF), as equipes de saúde bucal e, mais recentemente, o Núcleo de Apoio às Equipes de Saúde da Família (NASF) (Trad & Esperedião, 2010).

A concepção de atenção básica da ESF preconiza equipe de caráter multiprofissional que trabalha com definição de território de abrangência, adscrição de clientela, cadastramento e acompanhamento da população residente na área. A Unidade de Saúde de Família (USF) deve constituir uma porta de entrada ao sistema local e o primeiro nível de atenção, o que supõe a integração à rede de serviços mais complexos. Recomenda-se que cada Equipe de Saúde da Família – geralmente composta por um médico generalista ou da família, um enfermeiro, um ou dois auxiliares de enfermagem e cinco a seis agentes comunitários da saúde – fique responsável por seiscentas a mil famílias residentes em área geográfica delimitada – que pode ser subdividida em microáreas, geralmente atribuída a cada agente comunitário. (Weber, 2006, p. 99; Giovanella & Mendonça, 2008, p. 604).

Por ocupar uma posição que parece ser sempre exterior às dinâmicas locais, a ESF é vista, comumente, como uma política de Estado. A história que dela se faz parece indicar sua unidade institucional, e as críticas a ela dirigidas focam, geralmente, em uma esfera de gestão que caberia ao "Estado".[2] Como apontado, não seguirei por este caminho. Esta dissertação não é sobre o Estado ou a comunidade: é sobre *uma política pública*. Neste texto, resultado de uma etnografia realizada em diferentes períodos de trabalho de campo, entre 2011 e 2013, falarei sobre o emaranhado de sujeitos e espaços envolvidos na implementação da Estratégia Saúde da Família. Neste sentido, a pergunta sintética que moverá as próximas páginas será: *o que compõe uma política pública*? Optei por respondê-la a partir daquilo que acompanhei em São Martinho, o que ofereceu algumas dificuldades. Por um lado, a especificidade da experiência poderia impedir-me de tratar a questão em sua complexidade; por outro, partindo do extremo oposto, a amplitude do tema poderia distanciar-me daquilo que era específico a meu campo de pesquisa.

---

2   Tais críticas serão problematizadas ainda nesta Introdução, em "Problemas de Pesquisa".

Neste livro, uma opção foi escolhida dentre as demais, que foi tratar da *singularidade* da ESF.

Se em uma imagem estática, meu objeto de pesquisa, a Estratégia Saúde da Família, causa a impressão de uma amplitude sem limites – são mais de 122 milhões de pessoas atendidas pela ESF (DAB, 2015) –, quando se parte para o processo de seu funcionamento, uma série de emaranhados singulares passam a decompor essa ideia de totalidade. A partir de São Martinho, esse emaranhado se formava, resumidamente, por: duas Unidades de Saúde da Família; Secretaria Municipal de Saúde; Prefeitura Municipal; Conselho Municipal de Saúde; Coordenação Clínica; Hospital Geral de Germana – que sedia leitos para São Martinho –; Prefeitura Municipal de Germana; Secretaria Estadual de Saúde do Rio Grande do Sul... Outros agentes, espaços e tempos participavam deste processo, entretanto em condição inconstante, como parcerias políticas, períodos eleitorais, reuniões de orçamento, demandas e trocas políticas, famílias, condutas e sociabilidades.

O que compõe a ESF? Neste livro, pode-se responder: a *clínica*, as *famílias* e o *governo*. No processo de implementação da ESF em São Martinho, cada qual atua enquanto um feixe de situações que colocavam em relação e produziam sujeitos específicos: em primeiro lugar, no atendimento realizado pelos profissionais ligados à Clínica São Martinho, uma das duas Unidades de Saúde da Família (USF) do município; em segundo lugar, através do que envolvia as condutas e as sociabilidades próprias à parcela de moradores denominados de "população atendida"; e, em terceiro lugar, em torno do governo e da política, que agrupava os gestores responsáveis pela administração pública da saúde em São Martinho. Na organização do texto, que deriva de minha dissertação de mestrado defendida em 2013, cada feixe se tornou um capítulo. Por esses feixes, diferentes grupos de pessoas agiam no *cotidiano*, possuíam objetivos diferenciados, mas se relacionavam a partir do envolvimento mútuo no processo de implementação da ESF. Optei por alterar o mínimo possível a descrição e a análise desse processo na reformulação do texto para o formato de livro, buscando deixar intactas minhas impressões no momento da escrita, minhas escolhas analíticas, mesmo aquelas que foram por mim revistas posteriormente.

Deste modo, meu objetivo neste livro será *analisar o processo de implementação de uma política pública de atendimento à saúde, a ESF, em sua singularidade, própria ao cotidiano de São Martinho*. Não há, nas situações que serão apresentadas nesta etnografia, uma conexão de princípio com aquilo que organiza a ESF em outras situações de pesquisa: nenhuma delas deriva de uma mesma história política. Os mesmos autores que buscam estabelecer a conexão entre a reforma sanitária e a ESF criticam também sua atualidade, colocando-a como o resultado indesejado de tais reivindicações, algo como se a demanda por um sistema universal de saúde houvesse se transformado em uma política de controle populacional, implementada principalmente nas periferias de grandes municípios e em pequenas cidades. Contudo, o sistema de saúde de São Martinho possui sua própria história, que está implicada no processo que busco analisar e problematizar neste livro.

São Martinho, formação e constituição de um sistema de saúde

São Martinho possui cerca de 6.000 habitantes (IBGE, 2010) e localiza-se na região da Encosta da Serra gaúcha, região nordeste do Rio Grande do Sul, fortemente marcada pela colonização alemã, iniciada em meados do século XIX. A cidade encontra-se aproximadamente a 80 quilômetros de Porto Alegre e teve sua emancipação política há pouco mais de duas décadas, em 1988,[3] após ter sido criada, um ano antes, a Comissão Emancipadora de São Martinho, responsável por formular um projeto de consulta peblicitária, enviada à Assembleia Legislativa do RS. A consulta foi realizada em abril de 1988 e, tendo sido aprovada pela população, em 15 de abril de 1988[4]

---

3   A partir de 1988, vários novos municípios foram criados no Brasil, sendo o processo creditado à reforma constitucional de 1988, que associava democratização e descentralização e concedia, aos municípios, autonomia política e o status de Entes Federativos da União (Tomio, 2002).

4   Como indicado anteriormente, trata-se de uma data fictícia, no entanto, próxima à data real. A formulação de uma data fictícia, em vez de sua omissão, se deu por conta de, atualmente, o Ambulatório Municipal levar a data da emancipação política como seu nome.

foi publicado um Decreto Lei, assinado pelo então governador Pedro Simon, que declarava a emancipação política de São Martinho em relação à Germana (Júlio, 12/07/2012). Antes disso, tanto São Martinho como Germana faziam parte do município de Cruz do Bonfim, a última emancipando-se em 1959. Atualmente, em 15 de abril se realiza a Festa da Batata de São Martinho, produto que integra várias receitas culinárias da cidade, assim como é um dos mais cultivados entre os martinenses – em conjunto com a acácia, para lenha e o milho.

Na região que hoje se encontra o centro de São Martinho situava-se a Linha de São Martinho,[5] um conjunto de 78 lotes reservados para colonização, ainda sem comunicação com Porto Alegre ou mesmo com Germana.[6] Essas *colônias* ou *comunidades alemãs* foram formadas em sua maioria em meados do século XIX (Woortmann, 1995), e sua organização foi diretamente afetada pelo governo imperial brasileiro, que dispôs os lotes de colonização diretamente em terras devolutas pós-aprovação da Lei de Terras, em 1850, ou as entregou para empresas colonizadoras. Na Encosta da Serra, grande parte desses lotes foi negociada com moradores de uma região rural e empobrecida do sudoeste alemão, o Hunsrück (Williens, 1980), que passaram a habitar Cruz do Bonfim, atualmente integrante da região metropolitana de Porto Alegre, que se estendia, naquela época, até as encostas da serra gaúcha. Deste modo, o tamanho dos lotes, sua disposição, as linhas de colonização e as famílias[7] alocadas em cada lote dependia diretamente do governo imperial ou das empresas co-

---

5   Informações colhidas com Beatriz Byer, historiadora e genealogista de São Martinho que produziu dois livros sobre a cidade, e que será novamente apresentada no Capítulo 2.

6   Germana já havia sido colonizada por volta de 1830.

7   Entre 1844 e 1874, de um total de 5.122 imigrantes alemães levados para o Rio Grande do Sul, apenas 274 eram solteiros. Os casos mais comuns eram de imigrantes que passavam a recompor o parentesco em solo brasileiro, sendo cada ramo de parentesco trazido em distintas viagens (Woortmann, 1995, p. 104-107). Após a chegada dos primeiros imigrantes à região de São Martinho, em 1853, foram enviadas, em 1854, doze famílias para a região, todas católicas.

lonizadoras responsáveis pela região. A primeira leva de imigrantes a serem encaminhados para a Linha de São Martinho teria aportado em Porto Alegre em 5 de março de 1853, e contabilizavam 55 pessoas, entre homens, mulheres e crianças. Boa parte da preparação do terreno para moradia ficava a cargo dos próprios colonos, inclusive a construção da estrada que ligaria São Martinho a Germana.

Estabelecida a Linha de São Martinho, pouca coisa mudaria até 1912, ano em que foi criado o distrito de Mirante, pertencente a Cruz do Bonfim, que em 1950 recebe o nome de São Martinho. O distrito abrangia áreas adjacentes à Linha de São Martinho, como o Morro da Mata, a Linha Pompéia, a Linha da Graça, o Mirante e outras. O distrito de Mirante já abarcava, em 1912, a área atual do município.

O *hunsrik*

Como boa parte da administração da área ficava a cargo dos próprios colonos, pouca coisa do português oficial era aprendido, e os próprios documentos de medição dos lotes eram preenchidos em alemão. O aprendizado do português se deu principalmente através da administração pública, principalmente a partir da educação oficial em português, que passou a ser implementada em São Martinho após 1938, com a nacionalização do ensino pelo Estado Novo, que implicou na proibição do ensino do alemão nas escolas. Até então, todo o ensino era ministrado em alemão, na Associação de Professores de Cruz do Bonfim. Em 1941, foi construída a Escola Normal Rural para a formação de professores da rede pública e, em 1962, foi entregue a Escola Rural Cônego Bruno Hamm, a primeira escola pública de São Martinho que aceitava alunos para aquilo que hoje é chamado de Ensino Fundamental. Até então, mesmo com a proibição do ensino do alemão, a educação ficava a cargo das associações de professores ou religiosas.

Desde 2004, um grupo de estudiosos, principalmente linguistas vinculados à UFRGS (Universidade Federal do Rio Grande do Sul), assim como o grupo de historiadores de São Martinho – entre eles, Beatriz Byer, historiadora e genealogista de São Martinho – empenham-se em formalizar a escrita da língua falada na cidade, batizada, pelo grupo, de *hunsrik* – principalmente para diferenciá-la do alemão oficial, vinculando-a a um local de origem, o Hunsrück. O *projeto hunsrik* conseguiu, em 2008, formalizar uma ortografia e uma fonética para a língua.[8] A permanência do *hunsrik* em São Martinho adquiriu o status de um projeto cultural, tendo todo o seu arquivo na Casa da Cultura, onde se encontram, também, os registros censitários de São Martinho, objetos históricos, panfletos ilustrativos etc. Atualmente, até um micro-dicionário já existe para o *hunsrik*, "*Mayn Ëyerste 100 Hunsrik Wërter*" (*Minhas primeiras 100 palavras em* Hunsrik), que foi me dado logo em minha chegada à cidade.

    Assim, o *hunsrik* propriamente dito é um projeto político e cultural. Propositalmente, o projeto a que se vincula a Casa de Cultura de São Martinho não se enveredou em criar uma gramática – para além da fonética e da ortografia –, já que o intuito era ainda manter o processo de catalogação das palavras em aberto, assim como facilitar a troca entre educadores e alunos, já que muitas vezes, mesmo falantes de *hunrisk*, muitos martinenses leem e escrevem apenas em português. Outra característica para facilitar o aprendizado foi a tradução gráfica das palavras seguindo regras próximas ao do português padrão, como "xwarts" em vez de "schwarz" (preto), "fater" em vez de "vader" (pai), "tas" em vez de "das" (artigo indefinido) ou "kuut" em vez de "gut" (bom). As vogais alongadas foram dobradas, como "aanfank" em vez de "anfang" (começo, início), "kuut" em vez de "gut", ou "taach" em vez de "tag" (dia). As consoantes dobradas para alongar a vogal anterior foram descartadas, como no nome em alemão oficial "Zimmer". Por fim, grande parte das consoantes assumem funções próximas às do português, como "x", "s" e "r", que assumem uma única pronúncia. Outras palavras ainda surgiram especificamente no que passou a ser chamado de *hunsrik sul-americano*, como "luftxif" para designar "avião", em vez de "flugzeug" – ao pé da letra, "luftxif" quer dizer "navio do ar", que segundo Beatriz Byer era utilizada para designar os zepelins, que muitos imigrantes já haviam visto. Ainda assim, muitas vezes os martinenses recorrem ao português em meio a suas conversas, quando alguma palavra é mais comum nesta língua do que em *hunsrik*: alguns exemplos são "remédio", "sandália", "telefone", "receita" ou mesmo "avião", à exceção dos moradores do bairro Mirante, majoritariamente luteranos,

---

8   Outras cidades próximas a São Martinho também possuem o *hunsrik* como língua, assim como Germana.

que utilizam o "luftxif", o que expressa outra variável na oralidade do *hunsrik*, a confissão religiosa.

Apesar de tal denominação não ser partilhada pela maioria dos moradores da cidade, optei por chamar então o alemão falado em São Martinho de *hunsrik*, para diferenciá-lo do alemão oficial, mas também para diferenciá-lo de outros marcadores expressos no termo *alemão*, como o marcador de heterogeneidade, que será explorado no Capítulo 2. Contudo, no momento da descrição foi preferível manter o termo *alemão* em vez de *hunsrik* para se referir à língua, pois em apenas uma oportunidade tive a chance de ouvir um morador dizer que falava *hunsrik*: o morador em questão era Rubens, que conhecia muito bem a história de São Martinho e, assim como eu, possuía os dois livros organizados por Beatriz.

Construção de um sistema de saúde

Em 1931 foi estabelecida oficialmente a nova paróquia de São Martinho, com a construção da Igreja Matriz no centro da cidade, muito próxima aonde hoje se encontra a Clínica São Martinho. Com o estabelecimento da paróquia, o primeiro pároco chegou a São Martinho, justamente o cônego Bruno Hamm, homenageado ao dar nome à primeira escola rural da cidade. Formou-se, então, uma sociedade beneficente ligada à igreja católica, a Sociedade Beneficente São José, na qual um dos sócios fundadores era o cônego Bruno Hamm (Júlio, 02/01/2013). Ainda em 1951 foi inaugurado o Hospital São José, dirigido pela mesma Sociedade Beneficente, que tinha como projeto funcionar enquanto hospital comunitário. O Hospital foi construído no centro de São Martinho e contava com um médico e com algumas freiras que o auxiliavam no atendimento à população.

Em 1968 o Hospital perdeu uma ação judicial movida pelo último médico contratado pela comunidade, o que debilitou suas condições de funcionamento. O objeto da ação era um atraso de pagamento, que levou o médico a pedir uma indenização igual a metade do patrimônio do Hospital. Uma reunião com a comunidade de São Martinho foi organizada, na qual estavam presentes alguns sócios fundadores do Hospital, para buscar uma solução para a dívida. Decidiu-se, na reunião, que a sociedade precisava ter uma representação oficial para cuidar do caso. Nisto, Júlio, que na época era professor em um colégio do Morro da Mata, foi apontado pelo prefeito: "professor, porque você não assume?" (Júlio, 02/01/2013). Júlio e os demais membros da Sociedade Beneficente passaram então a procurar quem pudesse lhes emprestar o dinheiro necessário para quitar a dívida.

No final de 1972, quando Júlio era então presidente do Hospital São José, a diretoria aceitou a proposta de compra do hospital feita por Dr. Romildo,[9] que manteve o Hospital em funcionamento entre 1973 e 1985 – na verdade, Júlio era sempre enfático ao dizer que, na venda do hospital, que foi contra sua vontade, conseguiu inserir uma cláusula contratual na qual exigia do comprador mantê-lo em permanente funcionamento. No momento em que o Hospital encerrou suas atividades, uma comissão formada por Júlio e por mais alguns sócios fundadores foram exigir a reabertura do hospital em cumprimento à cláusula contratual citada por Júlio. Sem sucesso, a comissão moveu uma ação contra Dr. Romildo, que passou a transitar no momento de emancipação política de São Martinho e eleição do primeiro prefeito – Gil Fuccio[10] – e da primeira Câmara dos Vereadores, que contava com Júlio como um de seus parlamentares – na época, partidário de Gil. Segundo Júlio, Gil "quis dar uma de todo poderoso" (12/07/2012) e, mesmo sabendo da ação movida contra Dr. Romildo, ofereceu uma proposta de compra pelo Hospital. Na época, Gil ofereceu a Júlio o cargo de secretário de Educação e secretário de Saúde e propôs que Júlio coordenasse a contratação de uma nova equipe de saúde.

Uma comissão elaborou e enviou para aprovação da câmara municipal de São Martinho o 1º Plano de Saúde Pública e foi respon-

---

9   Dr. Romildo possui uma trajetória política expressiva em São Martinho e, durante as eleições de 2012, foi o candidato a vice-prefeito pela oposição. As referências a ele sempre serão precedidas pelo título que lhe é conferido, não apenas porque é assim que a população de São Martinho o trata – o que acontece com os demais médicos da cidade –, mas também porque é assim que Dr. Romildo se apresenta politicamente. Mais sobre isto será tratado no Capítulo 3.

10   Gil, assim como Dr. Romildo, traçou uma história política expressiva em São Martinho, participando da Comissão Emancipadora em 1987 e foi, nas eleições de 2012, candidato a prefeito pela oposição, na mesma coligação de Dr. Romildo.

sável pelo convênio de Municipalização da Saúde em São Martinho, que passaria a oferecer o atendimento à saúde como um serviço gratuito à população, com participação do município, do estado e da União. O antigo Hospital São José foi reinaugurado em 1988 como o "Ambulatório Municipal 15 de Abril", e não contava mais com leitos para internação. Segundo Júlio, a intenção de Gil era fazer o Hospital voltar a dispor de leitos para internação e, para ajudar a organizar a gestão da saúde, foi organizada a 1ª Conferência Municipal de Saúde de São Martinho, em 1991, na qual o principal convidado foi Carlos Grossman, fundador do Serviço de Saúde Comunitária e da residência em Medicina de Família e Comunidade[11] do Grupo Hospitalar Conceição, em Porto Alegre. Carlos Grossman e sua equipe também participaram da análise e discussão do 1º Plano de Saúde Pública de São Martinho – Grossman foi a São Martinho a pedido do então já ex-governador do Rio Grande do Sul, Pedro Simon, paciente de Grossman e aliado político de Júlio (Júlio, 02/01/2013). Neste momento da conversa, Júlio repetia a frase que dizia ter guiado o modelo de saúde de São Martinho

> "Então Gil perguntou: Dr. Carlos, me diz uma coisa, qual é a sua opinião. Eu tenho condições de abrir o hospital para internações, para funcionar como hospital? E a resposta do Dr. Carlos Grossman foi a seguinte: prefeito, o senhor tem duas opções: ou ter um péssimo hospital; ou ter um bom ambulatório médico" (12/07/2012).

---

11   A Medicina de Família e Comunidade está instituída no Brasil desde 1976, sob a forma de Programa de Residência em Medicina de Família e Comunidade (RMFC) da Faculdade de Ciências Médicas/Uerj, e também sob a forma dos Programas de Residência em Medicina Geral Comunitária (RMGC), de Murialdo, Porto Alegre (Grupo Hospitalar Conceição) e Vitória de Santo Antão, que, em 2002, receberiam a mesma denominação do programa da Uerj (Rodrigues, 2007, p. 150). Alguns autores (Koury *et al.*, 2005; Castro *et al.*, 2007) defendem a Medicina de Família e Comunidade como a especialidade médica por excelência da ESF.

A Estratégia Saúde da Família em São Martinho

A partir de 1991, consolidou-se a opinião, tanto em Júlio como em Gil, principalmente após a visita de Carlos Grossman e sua equipe a São Martinho, de que o antigo Hospital São José deveria funcionar, nas condições de que dispunha, apenas como Ambulatório Municipal, o que aconteceu até 2007. No entanto, já na segunda administração de São Martinho foi realizada a tentativa de fazer funcionar, mais uma vez, o setor de internações do hospital o que, já na terceira administração, em 1996, quando Dr. Romildo[12] se tornou prefeito de São Martinho, foi mais uma vez desfeito por falta de recursos e equipamentos necessários. Após esta tentativa, nenhuma outra foi feita e o Hospital funcionou exclusivamente como Ambulatório Municipal até 2007.

Em 2007 foi então, criada a primeira Unidade de Saúde da Família de São Martinho, a Clínica da Família São Martinho, que tinha como médico da equipe Dr. Romildo e não contava com uma equipe de Saúde da Família completa. Pouco tempo depois, em 2008, foi criada a USF Mirante, no bairro Mirante, que, segundo Júlio, era a equipe melhor organizada da cidade e contava com um espaço próprio para funcionamento da unidade, enquanto a Clínica da Família São Martinho passara a funcionar no prédio do antigo Hospital São José, dividindo espaço com o Ambulatório Municipal. Ainda assim, Júlio ressalta que no início do funcionamento da USF Mirante, Marlos, médico da equipe desta unidade, precisava trabalhar três dias por semana no Ambulatório, para suprir a falta de médicos no município, o que o levava a trabalhar apenas meio período na USF. Algumas consultas eram, por isso, transferidas para a Clínica São Martinho, o que aumentava o número de atendimentos realizados por Dr. Romildo (Júlio, 12/07/2012).

Júlio voltou a assumir a Secretaria Municipal de Saúde em 2009, quando Paulo Ritter – opositor político, durante o trabalho de campo, de Gil Fuccio e Dr. Romildo – ganhou a disputa pela prefeitura municipal. Júlio disse que a situação da USF Mirante era estável, e apesar de Marlos não ter residência em medicina de família e comunidade – não ser *médico comunitário*, como dizia Júlio –, de-

---

12 Nesta época, além de prefeito, Dr. Romildo também era médico do Ambulatório 15 de Abril.

cidiu mantê-lo como médico da equipe já que, para Júlio, ele estava fazendo um excelente trabalho. Em relação à Clínica São Marinho, Júlio tinha algumas preocupações maiores já que, com a vitória de Paulo, Dr. Romildo não estava mais à frente da equipe da unidade. Algumas tentativas foram feitas até que, após aceitar a indicação de Sérgio, um dos médicos plantonistas do Ambulatório, Luca, médico com residência em medicina de família e comunidade, foi contratado por um curto período de tempo para atuar na Clínica São Marinho, até aceitar um emprego em Florianópolis. Antes de sair, Luca indicou um colega de residência para ocupar o cargo deixado por ele, e Júlio aceitou a indicação e entrou em contato com o médico. Foi neste momento que Fernando, médico da equipe de saúde da família da Clínica São Martinho no momento do trabalho de campo, com residência em medicina de família e comunidade, assumiu a função deixada por Luca em junho de 2010.[13] Além da contratação de Fernando, foram contratados, para a Clínica São Martinho, uma enfermeira – Lúcia –, uma técnica de enfermagem – Cida –, além dos agentes comunitários de saúde (ACS) ligados à Clínica São Martinho, como Sônia e Letícia, com quem estabeleci maior contato em meus períodos de trabalho campo. Em junho de 2012, foi inaugurada a nova unidade da Clínica São Martinho, que podia agora contar com um espaço próprio, na mesma rua do Ambulatório Municipal.

Entrada em campo e opções de pesquisa

Meu primeiro contato com São Martinho foi através de Fernando. Na verdade, o conheci em 2009, quando ainda era médico residente em Porto Alegre e no momento em que me hospedei em sua casa para participar de um congresso na Universidade Federal do Rio Grande do Sul (UFRGS). Nos dias em que permaneci em Porto Alegre, Fernando, assim como sua esposa, Isabel, passaram a me contar como funcionava uma USF. Na época, eu estudava as relações entre movimento negro e Partido dos Trabalhadores (PT) du-

---

13 Como diz Júlio, Fernando não foi apenas ocupar o cargo de médico da Clínica São Martinho, como também morar em São Martinho, o que deixou Júlio "muito feliz", por finalmente encontrar um médico permanente para a USF (Júlio, 12/07/2012).

rante as décadas de 1980 e 1990 e nunca havia pensado em estudar algo relacionado à saúde, ainda mais a partir de uma etnografia. Estas conversas que tive com Fernando e Isabel foram suficientes para que eu me interessasse cada vez mais pelo tema, principalmente por todo o aspecto espacial que envolve uma USF: controle das famílias, adscrição de clientela, delimitação do território, visitas por CEPs etc. Entretanto, foi apenas no primeiro semestre de 2010, ainda em meu último ano de graduação, que decidi definitivamente realizar uma etnografia dos atendimentos realizados em uma USF de Porto Alegre, decisão que tomei em conjunto com meu orientador. Até que, em meados de 2010, Fernando foi contratado para trabalhar em São Martinho, e toda a construção do projeto desanda. No entanto, sabia que com Fernando minhas possibilidades de pesquisa seriam maiores, e decidi permanecer com o mesmo interlocutor de pesquisa e mudar o projeto – que, na verdade, ainda estava engatinhando.

Em minha primeira viagem a campo, Fernando era, deste modo, o único interlocutor de pesquisa com o qual eu poderia contar assim que chegasse a São Martinho. O vínculo estabelecido pelos demais moradores entre Fernando e eu era, deste modo, algo inevitável. Essa situação, entretanto, foi pensada já na escrita do projeto de pesquisa, e todo o planejamento do trabalho de campo levava em conta os contatos estabelecidos a partir de Fernando, tanto em direção aos moradores de São Martinho, como em direção aos agentes de governo.

Ainda assim, para cada viagem a campo uma nova estratégia de pesquisa era pensada, levando em consideração os contatos previamente criados. E, durante toda a pesquisa, foram três períodos de trabalho de campo: em julho de 2011; em julho de 2012 e; entre dezembro de 2012 e janeiro de 2013. A contingência dos períodos de campo de forma alguma era determinada simplesmente por escolhas de pesquisa: a disponibilidade de financiamento para cada viagem era o que exercia maior influência no calendário de pesquisa. Contudo, aquilo que era contingente mostrou-se, na verdade, um desafio para um esforço de análise que levasse em conta justamente a distância de tempo existente entre as notas de campo, desafio, neste sentido, de descrição daquilo que varia, ainda que observado em momentos específicos. O esforço, então, era de sempre ter passado a limpo aquilo que havia sido anotado no período de campo anterior, para então preparar a próxima viagem, e tentar, no novo período de campo, me relacionar com pessoas que ainda não havia tido a chance de conhecer, e participar de atividades que ainda não havia tido a chance de fazer parte. O campo, é claro, redireciona todo o planejamento. Mesmo assim, o esforço em preparar uma viagem levando em conta as notas da viagem anterior tinha grandes vantagens, como ter em mente uma dimensão temporal daquilo que era visto, o que certamente aprimorava e localizava aquilo que era escrito no caderno de campo, uma necessidade prática para, como dizia Favret-Saada (2005, p. 160), não descambar a pesquisa em aventura pessoal.

Em 2011, deste modo, o primeiro período de trabalho de campo foi planejado do mesmo modo como havia sido pensado no projeto de pesquisa, concentrando em Fernando o acesso privilegiado ao cotidiano da Clínica São Martinho, assim como de São Martinho. A primeira pessoa que conheci em campo, além de Fernando, foi Júlio. Como a Secretaria Municipal de Saúde funcionava no mesmo edifício que então abrigava a Clínica São Martinho – o antigo Hospital São José –, a presença de Júlio no cotidiano da unidade era certa, o que possibilitava que nos falássemos quase todos os dias. De resto, os contatos que estabeleci concentravam-se ao ambiente da Clínica São Martinho: foi ainda neste primeiro campo que conheci Lúcia e Cida, assim como Vânia, a assistente social do município, que também trabalhava nas dependências do antigo Hospital. No final do trabalho de campo conheci Sônia e Letícia, duas das agentes comunitárias de saúde da unidade. Sônia estava de licença maternidade e Letícia trabalhava normalmente. Foi quando pude acompanhar pela primeira vez sua rotina de trabalho na Vila das Araucárias e na Vila Jung, microáreas de atendimento da Clínica São Martinho. Durante as visitas que fazíamos, entrei em contato com Rubens, morador da Vila Jung. Rubens foi um dos principais interlocutores de pesquisa em todas as vezes que estive em São Martinho.

Dentre as poucas restrições de Fernando para que eu acompanhasse seus atendimentos na Clínica São Martinho, talvez a principal delas fosse o uso do jaleco. O jaleco, em 2011, era a certeza para os usuários da Clínica São Martinho que eu estava ali fazendo um estágio com Fernando, e quando eu procurava conversar com algum paciente na sala de espera, era inquirido sobre medicamentos, exames, procedimentos ou posturas. Fora da Clínica, nas visitas em que acompanhei Letícia, o uso do jaleco também me foi pedido.

Outras regras foram combinadas. No entanto, no último dia em que acompanhei um atendimento de Fernando, elas já haviam se tornando rotina: eu o acompanharia em suas consultas, sentando-me ao lado de sua mesa, de frente para o paciente; sempre que ele saísse do consultório para chamar um paciente para ser atendido, eu esperaria do lado de fora da sala, onde seria apresentado e esperaria a permissão de cada paciente para acompanhar a consulta; caso fosse permitido – e houve casos em que tive que esperar do lado de fora do consultório –, todos entraríamos, sendo eu o último a entrar e fechando a porta. Durante a consulta, eu permanecia calado, pois Fernando foi claro em dizer que tudo o que ele dizia aos pacientes era fruto de um longo exercício profissional. E, ao final da consulta, como era eu quem estava mais próximo à porta, aproveitava para abri-la para os pacientes.

O segundo período de trabalho de campo, em julho de 2012, foi pensado para que se fortalecesse os contatos estabelecidos em 2011 e, através deles, estabelecer outras vias de pesquisa para fora da Clínica São Martinho. E isto de forma alguma implicava deixar de acompanhar os atendimentos de Fernando: os atendimentos possibilitavam um momento no qual o diálogo estabelecido entre médico e paciente era atual, no qual aquilo que era proposto podia ser visto em ação no momento da consulta. Além disso, durante as consultas Fernando aproveitava os intervalos para comentar suas impressões a respeito dos pacientes atendidos. Comentários que não surgiam em qualquer outro momento, até mesmo pelo cuidado de Fernando em não falar absolutamente nada do que ocorria em suas consultas – princípio inscrito no código de ética, é certo, mas que, vez ou outra, nos deparamos com o escárnio dos profissionais enjalecados. Isto não ocorria com Fernando. E por isso, acompanhar os atendimentos por ele realizados se tornou imprescindível mesmo para este período de campo. No mais, ao contrário do que ocorrera em julho de 2011, desta vez acompanhava os atendimentos apenas pelo período da manhã – período que se encerrava por volta das 13h –, enquanto que, pelo período da tarde, procurava fazer visitas e agendar conversas com moradores ou agentes de governo, quando não acompanhava Sônia e Letícia em suas visitas diárias, atividade que consegui realizar em maior número. Durante a tarde também ocorriam as reuniões de equipe da Clínica São Martinho, além de atividades fortuitas, como almoços e viagens que tínhamos que fazer por estarmos em período eleitoral. Período que afetou diretamente meu trabalho, tornando cada canto da cidade um local propício para se ouvir e saber coisas a respeito de sua própria história, de suas desvaneças e disputas que, até então, não soubera.

Por fim, em meu último período de campo, realizado entre dezembro de 2012 e janeiro de 2013, acompanhei apenas dois dias de atendimento realizados por Fernando. A intenção, levando-se em conta aquilo que havia sido obtido em 2011 e em julho de 2012, era dedicar a maior parte de meu tempo acompanhando as atividades de Sônia e Letícia, e, nos dias em que eu não as acompanhasse, seguir todas as atividades que se realizariam por conta da formação da nova administração municipal. Entretanto, toda a intenção de pesquisa teve de ser repensada em poucos dias, pois Letícia, assim como os demais agentes comunitários de saúde estavam de férias, e voltariam apenas na metade de janeiro, quando eu já pretendia ter deixado São Martinho. Outro ponto que impôs uma revisão: Sônia, assim como mais três agentes comunitários de saúde, além de Lúcia, haviam sido demitidos. Nesta situação, e visto que a posse, assim como a formação das novas secretarias, estava para acontecer, decidi dedicar meu tempo totalmente a isso, acompanhando reuniões e eventos que marcariam esta transição. Além disso, assim como fizera no período anterior, decidi mais uma vez visitar Rubens, que mora com sua mãe, dona Joanna, de 88 anos, que me contavam detalhes da formação de São Martinho e de seus moradores, assim como de sua família e parentes. Foi também nesta viagem a São Martinho que tive a oportunidade de estabelecer maior contato com o vigário da Igreja Matriz.

Ainda no último período de campo, um novo desafio se colocara à pesquisa: o sentimento de rotina, que se estabeleceu nas últimas semanas em que permaneci em São Martinho. Uma rotina na cidade, na Clínica, no cotidiano, que demandava uma atenção redobrada na escrita das notas de campo, e dava a impressão de que todas elas passavam a se repetir. Impressão de momento, sem dúvida, assim como o sentimento de repetição sentido em campo com certeza irá de desfazer na próxima viagem. Entretanto, foi no momento em que a pesquisa chegou a este ponto que decidimos, meu orientador e eu, que as notas de que já dispúnhamos eram suficientes para a escrita de minha dissertação de mestrado.

Problemas de pesquisa

O problema sintético deste trabalho é: *como se constitui uma política pública*? No objeto deste livro, a ESF, a questão poderia se reformular: *como se constitui a ESF*? Até agora, duas perspectivas foram apresentadas: a primeira esforça-se para responder a questão a partir daquilo que é referente ao Estado, como a constituição do SUS, de suas normas e legalidade; a segunda, pela via contrária, esforça-se para centrar em São Martinho as vias para a problematização da questão. A aposta deste trabalho é justamente não optar por qualquer uma das duas. Quando observada em funcionamento, a ESF apresenta-se como uma singularidade, um emaranhado de sujeitos e espaços que podem se reunir em feixes menores, que se influem uns aos outros neste processo. Resumidamente, nomeei três desses feixes que estarão neste texto: a *clínica*, as *famílias* e o *governo*. Cada qual se tornará um capítulo deste livro.

As críticas que boa parte da bibliografia faz sobre a ESF se centram, entretanto, naquilo que seria referente ao Estado, como a organização desta política pública no plano federal, assim como sua dívida histórica para com as conquistas da reforma sanitária. O traço em comum entre alguns autores é a ênfase na relação entre o que está prescrito na ESF e as barreiras práticas para sua aplicação, sendo a "barreira instrumental" apontada como a principal delas. Cohn (2009), por exemplo, critica ESF como uma das conquistas mais recentes da reforma sanitária, tida como adesão à proposta de fomento ao desenvolvimento, mas pelo seu avesso: ou seja, adotar programas sociais que tenham como base de intervenção a família, fato ao gosto das agências multilaterais, exatamente porque no geral se configuram como políticas conservadoras, normativas do comportamento dos "pobres", e que invadem a esfera privada da vida social dessas famílias. A ESF proporia como uma mudança no modelo "hospitalocêntrico" de atenção à saúde, contudo sem o conhecimento correto da dimensão público/privado dos equipamentos existentes no país, assim como sua distribuição desigual.

Este último traço também é ressaltado por Trad & Esperedião (2010) e por Trad & Rocha (2011), no âmbito de uma ampla pesquisa acerca da "humanização no PSF". A deficiência no acesso e a acessibilidade foram indicadas como o aspecto frágil desta política, percebidos pelas longas filas de espera por uma consulta, assim como pela carência de equipamentos para exames e procedimentos cirúrgicos. Os autores enfatizam a influência destas deficiências no processo de humanização proposto tanto pela ESF, assim como pelo Plano Nacional de Humanização (PNH). Dificuldades semelhantes foram apontadas por Bousquat et al. (2006), que partem dos estudos desenvolvidos no campo da "Geografia da Atenção à Saúde", para investigar a implantação do PSF na cidade de São Paulo, tomando por referência os processos sócio-espaciais de exclusão. Os autores chegam à conclusão de que nas regiões onde há o maior percentual de população atendida pelo PSF é justamente naqueles distritos mais periféricos, os quais se encontram com piores notas no Mapa de Exclusão Social do Município. A intenção dos autores foi mapear a política de implantação do PSF em relação ao processo de segregação sócio-espacial existente em uma metrópole, já que, no Brasil, essa política teve início, na maioria dos casos, em municípios de pequeno porte.

A validade de tais críticas não é o que está sendo colocado em questão nesta Introdução. A referência do objeto de crítica é, em meu ponto de vista, o que leva tais críticas para uma perspectiva da qual procuro me distanciar. Este esforço não é aleatório: de tudo o que é apontado por tais autores como barreiras institucionais para o funcionamento da ESF, muito pouco encontrou ressonância com aquilo que acompanhei em São Martinho. A proposta aqui adotada de não fazer referência ao "Estado" ou à "comunidade" para falar do processo de implementação da ESF em tal município resulta principalmente da incompatibilidade entre aquilo que comumente se chama "Estado" e aquilo que estava disponível à percepção em São Martinho.

Pois o Estado, como um conceito político e filosófico, não se realiza mecanicamente nas disposições políticas, burocráticas e governamentais atuantes no cotidiano. Com o passar do tempo, ele acabou se revestindo de poder explicativo para essas disposições que eram inevitavelmente singulares de acordo com o lugar e com o tempo que ajudavam a produzir. Dito de outra forma, o Estado passou de categoria de reivindicação política em um momento e lugar situado para um conceito de embasamento analítico, mais ou menos como se sucedeu com outras categorias hoje postas em suspenso, como "sociedade", "ciência" ou "cultura". Este descolamento não é, de modo algum, um constructo atemporal. Implica o cercamento de uma esfera da vida política em relação aos demais modos de regulação social, como a família, o parentesco, os interesses, a amizade etc. A aposta de Foucault (2008a, p. 155-331) é de que o Estado, enquanto uma realidade apartada das demais formas de governo seria, no momento de seu nascimento, o que ele chamou de um "regime de veridição" (Foucault, 2008b, p. 49), isto é, um conjunto de regras que permitem estabelecer, a propósito de um discurso, quais enunciados podem ser caracterizados como verdadeiros ou falsos. O Estado, neste sentido, seria uma "ideia reguladora" (2008a, p. 384-285), uma noção operacionalizada por uma série de teóricos envolvidos na reforma dos espaços de gestão entre os séculos XVI e XVII, que, na elaboração de uma "razão de Estado", buscaram definir o que era o Estado, quais eram seus limites, e o que certamente lhe caberia para a sua própria conservação. Neste momento, o Estado adquire a posição e uma entidade em si mesma, algo a ser conservado no mesmo momento em que era produzido. Ironia deste processo que, como aposta Foucault (2008a, p. 331), não passou de uma peripécia de um processo maior, o de incorporação da lógica de governo nos espaços de soberania, que derivava sua formulação ao sistema pastoral católico institucionalizado desde os séculos IV-V.

Talvez seja por isso que a secularização do espaço público adquiriu a relevância alcançada no nascimento da filosofia política moderna. Obras como *O Contrato Social* (2006 [1762]) ou *Dois Tratados sobre o Governo* (2005 [1690]) o tomam como tema fundamental para o nascimento do Estado civil (Rousseau, 2006, p. 25-26; 45-65), assim como da sociedade civil (Locke, 2005, p. 458-459). Viver em sociedade em nível político, ampliar os limites deste tipo de união para fora das sociedades cavalheirescas ou de corte (Elias, 1994, p. 139-147) implicava registrar e regular juridicamente as relações de indivíduos que, apenas sob o Estado, tratar-se-iam como iguais. Não é à toa que John Locke dedica seu primeiro tratado sobre o governo expondo a ausência de lógica em supor que a sociedade política pudesse ter nascido da ordem familiar. A crítica a este modelo analítico foi cunhada na mesma velocidade de seu sucesso, em 1802, por Georg Hegel n'*O Sistema de Vida Ética* (1991).[14] Desde então, a filosofia política e a sociologia reivindicada por Émile Durkheim trataram de dar à sociedade, como entidade de realidade própria, o privilégio explicativo para a existência social, deixando de lado definitivamente o marco zero que o contrato social representava para a filosofia.

Isto não implica que a divisão entre um poder familiar e afetivo e outro legal e burocrático estivesse definitivamente para a fora da análise sociológica. Os níveis de complexidade ainda eram duais ou tripartites, como a divisão fundamental da primeira grande obra de Émile Durkheim, sua tese de doutorado, entre a solidariedade mecânica e orgânica (Durkheim, 1999 [1893], p. 39-109), ou a inferência teórica realizada por Weber (1999, p. 139-198) entre os três tipos puros de dominação legítima, a racional, a tradicional e a carismática, ainda que seu esforço tenha sido em apontar que nenhuma delas existia por si só em qualquer associação política. Mesmo quando Durkheim (1989 [1912]) abandona, 19 anos após publicar sua tese, a progressão histórica que diferenciava as "sociedades primitivas" das sociedades europeias em *As Formas Elementares de Vida Religiosa*, os diferentes tipos de representação coletiva ainda operam a divisão entre as formas de saber, em uma comparação que relaciona o totemismo à

---

14 N'*O Sistema da Vida Ética* (1991 [1802]), Hegel propõe uma inversão aristotélica da questão, colocando em relevo, antes de tudo, uma primeira forma de constituição ética, que é dupla: a relação entre pais e filhos e; por outro lado, a relação entre membros de uma mesma comunidade que, após o reconhecimento intersubjetivo das capacidades de seus membros, passam, em um segundo momento, a regular juridicamente a vida comum. Deste modo, a constituição ética da comunidade precederia sua regulação contratual, que seria apenas a expressão jurídica de uma capacidade própria ao sujeito.

origem do conceito e da ciência (1989, p. 510-518), que no entanto passam a ser representantes distintos e contemporâneos da existência social do pensamento lógico, isto é, do pensamento conceitual.

A divisão entre um modo burocrático e legal, de um lado, e outro afetivo, religioso e familiar, de outro lado, não passou ileso pela tradição ensaísta do pensamento social brasileiro entre as décadas de 1920 e 1940, especialmente entre aqueles que passavam a se preocupar com o que poderia ser chamado de "Estado" no Brasil. Em 1936, Sérgio Buarque de Holanda, talvez o mais weberiano de todos os ensaístas, dizia: "A ordem familiar, em sua forma pura, é abolida por uma transcendência [o Estado]" (Holanda, 1976 [1936], p. 101). No entanto, no Brasil tudo se passava como se, a despeito da transcendência do Estado, a ordem patriarcal operasse uma trava à sua objetivação, onde, sem dúvida, "a família (...) se exprimiu com mais força e desenvoltura em nossa sociedade" (p. 106). O que fazer então neste ambiente para falar e propor, em um período marcado fortemente pela tentativa de centralização administrativa, o Estado? Falar, obviamente, do não-Estado. Ninguém expressou melhor esta característica do que Sérgio Buarque de Holanda e Vítor Nunes Leal (1997 [1948]). Para falar de Estado, ambos optaram por falar do não--Estado, ou melhor, optaram por falar do arranjo estatal operado no Brasil, no qual o local – com suas famílias, coronéis e valores pessoais – operavam a intermediação ou o tropo do poder estatal. Não se deve, contudo, passar em branco pelas entrelinhas: especialmente em Sérgio Buarque de Holanda, um projeto de Estado era evidente, e, para isso, era preciso depurar aquilo que se via em operação, mais ou menos ao modo "o Estado é aquilo que o não-Estado não é".

As trocas pessoais, as famílias, o local, assim como as intermediações que se lhes creditava eram desta forma vistos e analisados como um entrave a uma possível composição estatal no Brasil, um resquício que, no entanto, possuía lugar estabelecido, as zonas rurais e periféricas, especialmente categorizadas enquanto o *sertão nordestino*. Não à toa, durante a década de 1970, dois amplos projetos de pesquisa ofereceram o material para que se questionasse essa abordagem: um deles, coordenado por Roberto Cardoso de Oliveira e Maybury Lewis, *Estudo Comparativo de Desenvolvimento Regional*; o outro, coordenado por Moacir Palmeira, *Emprego e Mudan-*

ça Sócio-Econômica no Nordeste (Godoi, 1999, p. 23). Ambos foram desenvolvidos especialmente em Pernambuco, e os trabalhos que deles resultaram questionavam justamente o avanço da economia capitalista frente aos modos de vida camponesa, sua organização e sua composição frente às novas condições de trabalho, especialmente na expansão latifundiária da zona da mata. A questão então muda de valor ao se questionar sobre a organização social e econômica camponesa, em vez de problematizar os obstáculos à organização de um tipo ideal de espaço público. Do projeto de Moacir Palmeira resultou outro, a criação de um núcleo de antropologia da política, que passou a reunir trabalhos que versavam sobre a composição política em diferentes lugares etnográficos, alinhados na premissa de que a lógica política e seus arranjos de governo sempre formavam uma disposição singular, operante e transitiva, a despeito de uma divisão entre uma política local e um suposto sistema político nacional.

Os trabalhos da antropologia da política transitaram por objetos de pesquisa diversos, desde disputas políticas no sertão de Pernambuco (Camargo, 2012; 2014; Villela, 2010), até a composição de alianças e bases de parlamentares no Congresso Nacional (Bezerra, 2003) ou a disputa pelo governo do Distrito Federal (Borges, 2003). A primeira coletânea de expressão acadêmica foi organizada por Palmeira e Goldman (1996). O trabalho de Palmeira (1996), em especial, ainda se caracteriza como o principal interlocutor, principalmente pela noção por ele desenvolvida de "época da política". Para o autor, a época da política se organizava enquanto um recorte do tempo social em que desavenças e brigas, assim como facções, eram atualizadas na disputa eleitoral, evidenciando fronteiras que se tornavam menos visíveis fora da disputa. No entanto, em trabalhos mais recentes, como o próprio trabalho de Camargo (2012; 2014), além do trabalho de Marques (2002) e Comerford (2001), as disputas políticas e aquelas que podem assumir outros níveis legais de resolução não constituem apenas grupos ou facções, mas passam a traçar parentesco e definir famílias, compondo e localizando sujeitos na própria geografia relacional das disputas e alianças.

Uma proposta levemente distinta daquela encontrada no conjunto de autores que se voltam para as *margens* do Estado (Das e Poole, 2008; Nadai, 2014, 2012; Ferreira, 2013; 2014; Rui, 2012;

Feltran, 2010, 2011; Machado da Silva, 2008), que apostam na incapacidade de referenciar-se ao Estado isentando-se de suas disputas cotidianas, mas que partem de contextos de pesquisa nos quais, ao menos enquanto categoria de poder, o *estado* se apresenta de modo inconstante. De todas estas contribuições, a de Das e Poole (2008, p. 19-52) é, sem dúvida, a mais debatida pelos demais autores citados. As *margens* seriam justamente aqueles espaços nos quais a governamentalidade, a regulação e a disciplina se expressam cotidianamente: a visibilidade do Estado se realizaria na disputa, na querela diária por sua primazia em governar, regular e disciplinar. Isto é: seria justamente naqueles espaços nos quais o Estado não adquiriu a hegemonia pretendida que podemos ver o Estado, um Estado em ação, um Estado que reivindica seu direito de Estado, muitas vezes a partir da *mediação* de modos de regulação que poderiam ser considerados concorrentes – como comunidades de base, igrejas católicas, igrejas pentecostais ou neopentecostais, polícia, serviço social, *mundo do crime*, ONGs etc.

Noções pouco ou nunca operacionalizadas por aqueles envolvidos na burocracia política e administrativa, como espaço público e Estado, passaram a perder o valor de conceito e a retornar ao valor de categoria social, válida única e exclusivamente quando inserida em um universo categorial que fizesse sentido para seus participantes. O problema é que a análise social se deixou deslumbrar pelo conceito, e as composições de governo foram durante muito tempo chamadas indistintamente de Estado, duplicando uma divisão digna da filosofia política, entre sociedade política e sociedade civil, como se os modos de organização social não participassem eles mesmos do cotidiano das composições políticas, burocráticas e de governo. No entanto, quando se caminha em direção à Encosta da Serra, por lá encontramos uma administração pública altamente burocratizada, uma formação histórica diretamente relacionada à gestão imperial das terras devolutas durante o século XIX, mas que de forma alguma é classificada enquanto Estado. Do mesmo modo, as vias de comunicação pelas quais circulam os assuntos da política não podem chamadas de espaço público.

Nas situações de campo, sequer como discurso ou como fala o Estado fazia sua aparição: uma situação distinta em relação à "comunidade" que, nas falas dos moradores, adquiria uma referência regular em suas histórias. Estas falas, entretanto, foram integradas à análise como constitutivas de suas relações cotidianas, acionadas de acordo com o que estava em jogo. A "comunidade" poderia se fazer em determinado momento, e desfazer-se no instante seguinte. Deste modo, como partir para a análise da ESF isentando-se de tratar da relação entre "Estado" e "comunidade"?

Em primeiro lugar, é preciso trazer a história geral da formulação da ESF enquanto uma política pública para uma "contra-história" (Foucault, 2002, p. 76-79), que dê primazia para o modo como acontecimentos precisos atuaram em seu funcionamento, ainda que o alcance desta análise limite-se a alguns de seus aspectos. São estes aspectos da história da ESF, entretanto, que interessam a uma etnografia, aqueles que agiram diretamente no processo observado, e não aqueles que estariam na fundação estrutural da política pública.

Em segundo lugar, uma etnografia implica aquilo que Marques (2002, p. 34-37) chamou de "efeito de perspectiva". A maior proximidade com alguns de meus interlocutores de pesquisa em detrimento de outros, como eram os casos de Fernando, Júlio e Rubens, levava-me, por um lado, a estabelecer relações que de outro modo poderiam ser refeitas, assim como, por outro lado, a analisar boa parte do processo de implementação da ESF em São Martinho do modo como eles mesmos buscavam analisar, valorizando aquilo que era próprio a São Martinho em detrimento daquilo que era mais geral na ESF. O modo como Júlio ou Fernando analisavam seus opositores políticos, ou o modo como Rubens falava a respeito daquilo que era próprio aos *alemães*, por vezes foi por mim tomado como constitutivo do real.

A opção aqui adotada para lidar com a questão foi operar uma inversão analítica: em vez de tomar tais falas enquanto constitutivas do real, passei a tomá-las enquanto constitutivas de *registros de verdade*. Isto, de um modo específico: tomando a verdade enquanto de natureza pública, que envolve uma série de sujeitos em sua elaboração, que entram em um jogo estratégico para validar seus próprios discursos e suas próprias operações classificatórias (Foucault, 2005, p. 7-13). Aquilo que se constituía enquanto verdade era o resultado deste jogo, aqueles discursos e aquelas classificações que se tornavam preponderantes entre meus interlocutores de pesquisa, e lhes pareciam irrefutáveis. Deste modo, em vez de questionar meus interlocutores a respeito da validade de suas suposições, passei a me interessar cada vez mais por elas, a me deixar levar por elas, para, posteriormente, ser capaz de problematizar o modo como operavam suas classificações sociais, que claramente agiam por difamações e uniformizações daqueles que se buscava distinguir.

Por fim, em terceiro lugar, a etnografia implica um método que é sempre modulado pelas situações de pesquisa, o trabalho de campo. Tomar notas, "de uma precisão maníaca" (Favret-Saada, 2005, p. 158), implica um novo comportamento corporal, novas condutas, uma disposição que não é apenas intelectual, mas que interfere nas atividades básicas diárias, como as horas de sono, as refeições e mesmo o estado de saúde. Em meu segundo período de trabalho de campo, fui contaminado pela Gripe A, dentro de um surto que acometia a região da Encosta da Serra, em que os profissionais da saúde haviam se prevenido, enquanto eu mesmo não sabia estar em meio a uma epidemia. Passei de pesquisador a paciente, o que levou a internar-me no *porão*[15],[16] que alugava. De modo que, tomando de empréstimo as palavras de Whyte (2005, p. 284): a abordagem para com o trabalho de campo "em alguma medida, dever ser única, para mim mesmo, para a situação particular e para o universo de conhecimentos que existia quando comecei o trabalho".

---

15   Pequeno cômodo comum em São Martinho, localizado abaixo do assoalho da casa, encontrado em grande parte das casas da cidade, principalmente naquelas construídas em terrenos desnivelados, nas regiões montanhosas ou nos leitos de rios.

16   As categorias utilizadas por meus interlocutores de pesquisa serão grifadas, todas, em itálico. Outras categorias serão também grifadas em itálico, quando for necessário dar ênfase a categorias que fundamentam a análise. Estas, no entanto, serão grifadas apenas em sua primeira aparição nos Capítulos, enquanto as categorias retiradas das falas de meus interlocutores de pesquisa estarão sempre grifadas, para marcar seu uso no cotidiano em cada feixe de relações. Em alguns casos, busquei analisar o sentido dessas categorias em nota, em outros casos, no próprio corpo do texto.

A partir destas implicações básicas do trabalho etnográfico, é possível formular a questão: de que modo é possível fazer uma etnografia sobre uma política pública tão ampla como a ESF? Pois, ao se tomar como objeto de pesquisa sua implementação em apenas um município, de que modo isto se torna indicativo daquilo que envolve toda a política pública? O que busco nesta dissertação é analisar o processo de implementação da ESF em São Martinho em suas determinações singulares. Deste modo, aquilo que é *singular* não se opõe àquilo que é *maior* ou *múltiplo*. Trata-se, antes, de um emaranhado de sujeitos e espaços, de variadas determinações, aqui agrupadas em três feixes de relações e situações: os *atendimentos* realizados pelos profissionais ligados à Clínica São Martinho; as *condutas* e *sociabilidades* próprias aos moradores atendidos pela Clínica; e o *governo* e a *política*, que agrupava os gestores responsáveis pela administração pública da saúde em São Martinho. A realidade da ESF observada em campo partia deste emaranhado singular.

Deste modo, é possível recolocar o *problema: como se constitui a ESF, e como analisá-la em funcionamento*? Do meu ponto de vista, aquilo de onde deve partir a análise deste processo é o próprio *cotidiano etnográfico*, que, em São Martinho, organizava e colocava em relação os três feixes deste mesmo processo. A hipótese que guiou a escrita deste trabalho, então, é a de que não há qualquer tipo de unidade naquilo que toca a ESF enquanto política pública. Uma hipótese que foi utilizada como direção da pesquisa, e não como seu objetivo. A singularidade que observei na composição da ESF em São Martinho pareceu-me indicativo de que sua existência deve-se a outros tantos emaranhados singulares, que podem ser objeto de governo e de política, mas não de uma unidade que busca lembrar a figura de um Estado. Segui por essa direção nesta dissertação, reservando-me aos objetivos próprios a esta etnografia.

Estrutura do texto e divisão dos capítulos

O processo de implementação da ESF em São Martinho deve--se, em grande medida, aos três feixes de situações que organizavam este emaranhado. Nesta dissertação, cada um destes feixes se tornará um capítulo. Antes, é preciso frisar que haviam categorias que transitavam por entre os feixes, e duas delas são especialmente relevantes quanto ao tema deste trabalho: a *família* e a *saúde*. "Família" e "saúde" eram signos em variação e, enquanto tais, eram categorizados diferencialmente por meus interlocutores de pesquisa de acordo com cada feixe de relações que ocupavam neste processo. Inseriam-se em uma *classificação médico-estratégica* da *"população atendida"* no feixe reservado aos atendimentos da Clínica São Martinho; em uma *classificação e hierarquização moral* dos *alemães* no feixe reservado às condutas e sociabilidades próprias aos moradores atendidos pela Clínica; e, por fim, eram *objeto de disputa* naquele feixe pelo qual atuavam gestores e profissionais responsáveis pela administração pública da saúde. Os capítulos a seguir darão conta de tratar das variações que estes signos assumiam em classificações e usos distintos, como um instrumento que permita analisar aquilo que guiava boa parte das relações entre meus interlocutores de pesquisa, especialmente aqueles envolvidos em diferentes feixes de relações e situações do processo de implementação da ESF.

Deste modo, o Capítulo 1 foca os atendimentos realizados pela Clínica São Martinho aos moradores de sua área. Os atendimentos envolviam a participação de vários profissionais ligados à Clínica, mas duas cenas em especial serão exploradas neste capítulo: a *consulta médica* e as *visitas das agentes comunitárias de saúde*. A consulta e a visita permitiam que moradores fossem trazidos para um novo feixe de relações que implicava um processo de subjetivação específico: aquele em que tais moradores passam a formar uma *população atendida*, composta por *pacientes/famílias* vinculados à equipe de saúde da família da Clínica São Martinho. O *vínculo* não era apenas um resultado de trabalho: era uma relação buscada, principalmente nestes dois feixes menores, as consultas e as visitas das agentes comunitárias de saúde. Assim, o argumento é de que a *população atendida* não é um compósito desprovido de técnicas e tecnologias que buscavam lhe formar e lhe dar seus contornos. Sua especificidade resultava daquilo que se operava em cada consulta, em cada visita, assim como do uso que os martinenses faziam da Clínica São Martinho. Este último aspecto, entretanto, escapava ao programa de trabalho da equipe, e por isso reservou-se um capítulo específico para as condutas e sociabilidades próprias aos martinenses.

O Capítulo 2 dará conta desta especificidade, isto é, das condutas e das sociabilidades em que se inserem os moradores atendidos pela Clínica São Martinho. Entre aqueles que se reconhecem como pertencentes à comunidade de São Martinho, uma heterogeneidade classificatória ganha destaque: o *alemão* ou a *alemoa*. Estas categorias se inserem em um jogo estratégico de difamação e distinção que se faz no cotidiano dos moradores, e buscam separar, principalmente, aqueles que integram a *comunidade* de São Martinho e suas *famílias* daqueles que são *de fora*, chamados de *xwarts*. Esta separação se faz de várias maneiras: parentesco, língua e religião são algumas delas. O principal modo de distinção, entretanto, é a conduta para com o *trabalho*. O preceito elementar de não deixar de trabalhar é o que guia a conduta de cada alemão para com seus corpos, seu tempo, suas sociabilidades. É o que guia também grande parte das acusações morais que se faz, que separa aquele que trabalha, daquele que é *preguiçoso* ou *encostado*. Por fim, a conduta para com o trabalho organiza aquela formação que se pode chamar de *família* entre os *alemães*, assim como a relação com a *saúde*, posto que o *vigor físico* necessário para o *trabalho* é indicativo da necessidade ou não do *atendimento médico*. Ao final do capítulo, algumas consultas apresentadas no capítulo anterior poderão, então, ser encaradas de uma nova perspectiva.

Por fim, o Capítulo 3 abordará as questões próprias aos gestores e profissionais responsáveis pela administração pública da saúde em São Martinho. A atuação cotidiana de tais agentes abarcava a busca por soluções e a realização dos trâmites burocráticos necessários para a gestão da ESF no município. Suas atuações envolviam, também, a relação continuada com os moradores de São Martinho, e isto se dava pelo cruzamento de *dois eixos*: no primeiro, estabelecia-se aqueles que partilhavam do *poder de governo*, que aqui chamo de *agentes de governo*, como os gestores, assim como profissionais não ocupantes de cargos na administração pública, como os profissionais da saúde; no segundo eixo, formavam-se duas composições pelas quais se davam as relações entre agentes de governo e moradores, que eram o *governo* e a *política*. No governo e na *política*, a *saúde* era objeto de disputa entre gestores e candidatos, e as opções de governo não levavam em conta apenas o leque de opções administrativas oferecidas pela burocracia envolvida na administração pública da saúde, mas também as *vias de comunicação* estabelecida com *eleitores, moradores* e *famílias*, que implicava *demandas* e *trocas* necessárias para a continuidade do governo. Ao final do capítulo, o que parecia compor dois feixes heterogêneos de relações – aquele reservado aos moradores e aquele reservado aos profissionais da saúde –, passam a se emaranhar no governo e na *política*, no qual *famílias* e profissionais são igualmente acionados para a manutenção da atual composição de governo. Para falar da administração da ESF em São Martinho, retornaremos à Clínica São Martinho e às *famílias*, agora nas linhas do governo.

Os feixes de situações e relações separados aqui em cada capítulo deste livro remetem ao emaranhado singular de sujeitos envolvidos na implementação da ESF em São Martinho. Deste modo, não atuam para dentro, enquanto grupos, mas para fora, deixando em suas bordas algumas linhas que remetem a outros feixes. O Capítulo 3 representa o principal exemplo desta característica, no qual aqueles que antes ocupavam feixes distintos deste emaranhado – profissionais da Clínica São Martinho e moradores atendidos – passam a participar de composições em comum, o governo e a *política*. Entretanto, nos capítulos anteriores o mesmo será notado: as agentes comunitárias de saúde integrarão o Capítulo 2 como moradoras de São Martinho, enquanto que, no Capítulo 1, atuam na construção do vínculo entre Clínica São Martinho e população atendida. Deste modo, o mapa analítico realizado para a separação de cada feixe de situações buscou enfatizar o que se produzia em cada um deles, apesar da partilha de sujeitos e de signos. O principal para o seguimento da leitura é ter em pauta a questão: o que constitui a ESF? Ao final do último capítulo, cada consulta, cada família martinense, cada reunião administrativa oferecerão igualmente a possibilidade de resposta. Este processo parecerá tão amplo e tão restrito como qualquer coisa que se observe em ação. Ideias como o "Estado" ou a "comunidade" se confundirão na implementação da ESF em São Martinho.

CAPÍTULO 1

A Clínica São Martinho

A Clínica São Martinho, como toda Unidade de Saúde da Família (USF), trabalha com uma população adscrita por território, uma área de atendimento, a qual deve acompanhar cada um de seus moradores (Giovanella e Mendonça, 2008, p. 583-604). Da parte da USF, a equipe interna à unidade – médico, enfermeira, auxiliar de enfermagem e recepcionista –, assim como seus agentes comunitários de saúde, devem buscar acompanhar toda a população atendida, seja em suas casas, seja trazendo-os para a consulta médica. Da parte da população, entretanto, espera-se que seus membros utilizem os serviços oferecidos pela USF, assim como passem a controlar seu estado de saúde rotineiramente, através de consultas, visitas dos agentes comunitários de saúde, ou mesmo através das atividades recomendadas a cada morador. O modo como cada morador de São Martinho passa a integrar uma população atendida, no entanto, é a singularidade que busco descrever e analisar neste capítulo.

De antemão, o processo básico pelo qual essa transformação ocorre é o estabelecimento do vínculo entre Clínica São Martinho e moradores, através de dois feixes: em primeiro lugar, o vínculo entre médico e paciente e; em segundo lugar, o vínculo entre agente comunitário de saúde e morador. A mudança de atribuição daquele que é atendido em cada feixe do estabelecimento do vínculo – morador/paciente – indica o próprio processo de subjetivação em curso durante as consultas médicas. Isto não implica um processo unidirecional: é através do diálogo entre médico e paciente que se modula aquilo que se espera que seja o paciente, assim como se estabelece os primeiros laços que garantirão o vínculo futuro. O vínculo, então, não se faz pela repetição, e a descrição percorrerá pelas cenas em que se buscava estabelecê-lo, através de técnicas distintas, tanto no consultório, como nas visitas dos agentes comunitários de saúde.

Duas cenas serão privilegiadas neste capítulo: a consulta e a visita. São nelas que os dois feixes do estabelecimento do vínculo entre Clínica São Martinho e moradores se expressam com maior clareza, assim como são nelas que, principalmente, se opera o agenciamento Clínica-população atendida. O caminho descritivo partirá do cotidiano da Clínica São Martinho para as visitas realizadas pelos agentes comunitários de saúde, e será mesmo na proximidade com os moradores atendidos que se fará visível algumas linhas de resistência ao vínculo pretendido pela Clínica São Martinho. Por fim, a singularidade dos atendimentos realizados pela Clínica São Martinho está no esforço em se constituir aquilo que não é dado pela política pública: a população atendida.

Trajetórias e composição da equipe

Na Clínica São Martinho, a equipe que me recebeu e que convivi a maior parte do tempo em que estive por lá era formada por Fernando, médico; Lúcia, enfermeira; Cida, auxiliar de enfermagem; e na recepção da Clínica, em 2011, trabalhava Flávia e, em 2012 e 2013, Amanda. Em 2011, tive pouco contato com os agentes comunitários de saúde, situação que se alterou em 2012, quando tive a oportunidade de acompanhar o trabalho de Sônia e Letícia, ambas agentes comunitárias de saúde ligadas à Clínica São Martinho. Aquele com quem estabeleci o primeiro contato de campo foi Fernando, que chegou à Clínica em junho de 2010.

Fernando graduou-se em medicina em 2007. Entretanto, medicina não foi sua primeira opção e, na verdade, sequer sua segunda. Após ter cursado administração de empresas e ecologia, Fernando acabou por escolher medicina, tendo já em mente que gostaria de fazer residência em medicina de família e comunidade. A opção prévia pela residência, entretanto, não se deu à toa. Fernando, recorrentemente, ativava duas heranças de família que buscavam o localizar melhor: a medicina e o anarquismo. Em relação à medicina, seu avô paterno fora médico em Porto Alegre, assim como seu pai, um dos gastroenterologistas mais conhecidos da região, além de professor do curso de medicina da UFRGS. O anarquismo, Fernando remetia a seus avós maternos. Ambos eram Catalães e tomaram parte na resistência a Franco e na Guerra Civil Espanhola. A mãe de Fernando nascera ainda na Espanha e, no Brasil, acabou, como seu pai, cursando medicina na UFRGS. Durante a ditadura, ambos faziam parte do movimento estudantil e decidiram, entre outros motivos, exilarem-se nos Estados Unidos, na Filadélfia, em 1976, onde estava em curso um grupo de estudos sobre terapia de família. Segundo Fernando, toda a base da organização sistêmica da ESF, assim como o conceito de família nela operacionalizado, descendem de médicos e pesquisadores que participaram direta ou indiretamente deste mesmo grupo. Em 1980, seus pais retornam a Porto Alegre, com Fernando já nascido, que ainda hoje possui dupla nacionalidade. Ambos ingressaram na residência em medicina geral e comunitária no Centro de Saúde-Escola Murialdo – que, atualmente, também se chama residência em medicina de família e comunidade – e entraram em contato com alguns dos envolvidos no movimento sanitarista. A mãe de Fernando foi chefe do departamento de psiquiatria da UFRGS, e possui uma clínica particular de terapia de família, também bastante conhecida em Porto Alegre.

Fernando completou o curso de medicina em 2007 e, no ano seguinte, já iniciou sua residência no Grupo Hospitalar Conceição, em Porto Alegre, no qual, entre outros, um de seus preceptores foi Carlos Grossman, que esteve em São Martinho em 1991, e com o qual Fernando mantém contato até hoje, além de ser um dos que "o inspiram a trabalhar" (Fernando, 15/01/2013). A residência no Grupo Hospitalar Conceição terminou em 2009, e, logo depois, Fernando passou a atuar como preceptor no Centro Saúde-Escola Murialdo, onde permaneceu até início de 2010. Foi então que Luca, ex-colega de residência, entrou em contato com vários conhecidos a procura de alguém que se propusesse a aceitar o posto por ele deixado, em uma Unidade de Saúde da Família na região da Encosta da Serra. Fernando aceitou a indicação, e, após ter a primeira conversa com Júlio, mudou-se para São Martinho em junho de 2010, e logo depois já iniciou seu trabalho na Clínica São Martinho.

Além de Fernando, no primeiro dia em que acompanhei a rotina da Clínica São Martinho conheci Lúcia e Cida. Cida ocupara o posto de auxiliar de enfermagem havia pouco tempo, no começo de 2011, pois, até então, a auxiliar de enfermagem da Clínica São Martinho havia sido Nanci, que, segundo me diziam seus antigos colegas, fora "a melhor aplicadora de vacinas de São Martinho". Atualmente, Nanci é a secretária de saúde do município, posto que, até dezembro de 2012, era ocupado por Júlio. Antes disso, Nanci já havia trabalhado como auxiliar de Júlio na Secretaria de Saúde, e, logo que deixou o cargo de auxiliar de enfermagem na Clínica São Martinho, realizou alguns serviços burocráticos na Prefeitura Municipal. Cida é natural de São Martinho, do bairro Alto da Graça, que se localiza na região montanhosa da Encosta da Serra, enquanto o centro da cidade encontra-se no vale formado pelas montanhas da região.

Lúcia, assim como Fernando, também não era natural de São Martinho: Lúcia era de Santa Maria, cidade que morou até completar sua graduação em enfermagem, na UFSM – Universidade Federal de Santa Maria. Sua família ainda morava em Santa Maria, e seus laços com São Martinho, alem daqueles criados pela Clínica São Martinho, se dava principalmente por conta de seu noivado com um morador da cidade. Lúcia foi quem, em 2011, me apresentou toda a dinâmica da Clínica, contando sua história, assim como as mudanças ocorridas com a chegada de Fernando. Para ela, devia-se creditar a ele o melhor funcionamento da unidade, mesmo no período em que se dividia o espaço com o Ambulatório 15 de Abril. Lúcia contara que até a chegada de Fernando, e após a demissão de Dr. Romildo, primeiro médico da unidade, alguns médicos passaram pela Clínica, mas poucos deles permaneceram por mais de um mês.

Por fim, na recepção da Clínica São Martinho, em 2011, Flávia era a responsável pelo agendamento de consultas, controle da entrega de medicamentos pela farmácia básica, preenchimento da ficha médica de cada paciente, além de orientá-los do modo como proceder para encaminhamento para outros especialistas e exames. Flávia era filha de Rita, recepcionista do Ambulatório, e, até então, trabalhava a menos de 20 metros de distância da mãe. Flávia já mostrara sua insatisfação com o trabalho na Clínica em 2011 e, em julho de 2012, seu posto já havia sido ocupado por Amanda. Tanto Flávia quanto Amanda eram naturais de São Martinho, e ambas falavam muito bem o *hunsrik*. Em julho de 2012, a nova unidade da Clínica

São Martinho já havia sido inaugurada. Amanda, além do trabalho na Clínica, também cursava psicologia.

Atendimentos: rotina e consultas

A rotina dos atendimentos na Clínica São Marinho

Os atendimentos da Clínica São Martinho eram divididos em, no mínimo, três etapas, que envolviam toda a equipe interna da unidade. *Em primeiro lugar,* Flávia e Amanda ficavam encarregadas, cada qual em sua época, pelo agendamento de consultas – tarefa realizada sempre no início de cada mês –, recepção dos pacientes – o que implicava o preenchimento de sua ficha médica, caso fosse sua primeira consulta, ou verificação da mesma, através da qual Fernando evoluiria cada caso para o prontuário eletrônico –, encaminhamento para outros especialistas ou exames, e controle da entrega de medicamentos da Farmácia Básica, função compartilhada por Lúcia.

Em segundo lugar, todos os pacientes passavam pelo acolhimento, realizado por Lúcia e Cida. Caso se tratasse de uma consulta agendada, o acolhimento demorava, às vezes, menos de um minuto, apenas para conferir a pressão arterial e a temperatura de cada paciente, além de levantar qualquer tipo de informação que guiasse previamente a consulta. No caso dos acolhimentos realizados para pacientes que não haviam agendado previamente uma consulta – realizados de segunda a sexta-feira, das 07h30min às 08h30min –, o trabalho era mais demorado, pois uma série de questões eram feitas, em especial em relação ao motivo que o levara à Clínica e não ao Ambulatório. Além disso, caso o paciente não possuísse uma ficha médica na Clínica São Martinho, o acolhimento era ainda mais demorado, e várias informações eram passadas para Fernando, previamente à consulta. Lúcia era também responsável pela entrega de medicamentos da Farmácia Básica, assim como pelo controle da renovação de receitas, informando a Fernando sobre a quantidade de renovações feitas por cada paciente.

Por fim, a consulta era realizada por Fernando que, como dito, tinha à disposição todas as informações de cada paciente em seu computador, através do prontuário eletrônico, caso este fora alguma vez atendido pela Clínica ou pelo Ambulatório. Além disso, quando julgava necessário, dispunha de um controle especial para cada paciente, principalmente através do preenchimento de seu *genograma*,[1] ferramenta que Fernando tomou de empréstimo da terapia de família.

Nos casos em que o paciente agendara a consulta e já mantinha ficha médica na Clínica, Fernando mal saía de seu consultório, apenas para, de hora em hora, pegar as fichas de pacientes que chegavam à Clínica, deixadas do lado de fora de sua sala por Flávia ou Amanda. Tratando-se destes pacientes, Fernando digitava seus nomes em seu computador e todo seu prontuário, que envolvia atendimentos realizados por qualquer médico, tanto na Clínica quanto no Ambulatório, era carregado. Este era um momento crucial, pois determinava em grande medida o modo como se daria a consulta. Apenas com o prontuário em mãos, mas sem qualquer vínculo anterior com o paciente, Fernando organizava sua consulta de modo que várias informações adicionais fossem trazidas ao diálogo: família, parentesco, histórico familiar de doenças, condição social, situação emocional etc. A partir de então, chegava-se ao problema apontado pelo paciente, que, nesta hora, já se tornara apenas parte integrante de uma série de outras questões trazidas ao diálogo. Mas, caso o paciente já fora atendido especificamente por Fernando, e se este vínculo se sustentasse por mais de uma consulta já realizada, o diálogo com o paciente era rápido, pontual, e a consulta não demorava mais do que 5 ou 10 minutos.

A sala reservada a Fernando era ampla, na qual cabiam bem sua mesa de trabalho e a maca para uso dos pacientes, além de um

---

[1] "O *Genograma Familiar* é uma representação gráfica que mostra o desenho ou mapa da família. Também chamado de *Genetograma*, trata-se de um instrumento amplamente utilizado na Terapia Familiar (...), na formação de terapeutas familiares (...), na atenção primária à saúde (...) e, recentemente, sua aplicação tem sido difundida em pesquisas sobre família (...) Na terapia e no aconselhamento familiar, o Genograma é utilizado como um instrumento para engajar a família, destravar o sistema, rever dificuldades familiares, verificar a composição familiar, clarificar os padrões relacionais familiares e identificar a família extensa" (Wendt e Crepaldi, 2007, p. 302, ênfases minhas).

armário na qual ele guardava instrumentos de exames e alguns livros, trazidos de sua casa. A curiosidade na disposição dos ambientes da nova unidade da Clínica São Martinho é que o projeto original era completamente diferente daquilo que fora construído: na verdade, era mais organizado, segundo as opiniões da equipe. A mudança no projeto era creditada a Júlio, que o teria alterado por completo. Uma mudança em particular, no que toca à disposição da nova unidade, foi bem aceita por Fernando, assim como por Cida e Lúcia: um espaço reservado para as salas de trabalho da equipe – consultório, enfermaria, Farmácia Básica, cozinha, sala de observação e sala de procedimentos –, separado da sala de espera por uma porta dupla, e de acesso restrito. No antigo hospital São José, a sala de espera ficava ao lado do consultório de Fernando, assim como entre as demais salas do Ambulatório, o que sempre gerava reclamações por parte tanto da equipe da Clínica São Martinho, assim como por parte da equipe do Ambulatório.

As etapas do atendimento que se realizavam no interior da Clínica São Martinho podem ser agrupadas em um primeiro feixe das relações que envolvem o estabelecimento do vínculo entre Clínica e moradores de São Martinho. Neste primeiro feixe do processo, a consulta médica era, sem dúvida, a cena privilegiada da relação entre equipe de saúde da família e morador, aquela na qual médico e paciente podiam então se encontrar. A consulta era o momento em que Fernando, a partir de tudo o que a envolvia – o contato com o paciente, o exame físico, o diálogo, o retorno com exames, o diagnóstico – poderia programar um tratamento específico para cada paciente. Havia, entretanto, o outro feixe do processo de construção do vínculo entre Clínica São Martinho e moradores, aquele no qual quem atuava eram os agentes comunitários de saúde. Durante meu trabalho de campo, acompanhei duas agentes ligadas à Clínica São Martinho: Sônia e Letícia. As visitas que ambas realizavam aos moradores de suas microáreas, ambas ligadas à área do centro, da Clínica São Martinho, se caracterizavam como as etapas do atendimento que eram realizadas para fora da Clínica. As visitas aos moradores, seu cadastro, o controle do número de moradores por cada casa visitada, o levantamento dos medicamentos utilizados, formavam um feixe de relações de igual importância para o vínculo pretendido entre Clínica São Martinho e moradores, e todo este trabalho era levado ao restante da equipe em reuniões semanais, nas quais se determinavam os casos que seriam considerados urgentes ou não.

A noção de vínculo varia pelas situações distintas de pesquisa e, como alicerce analítico nos estudos sobre atendimentos realizados por equipes de saúde, ganhou grande visibilidade com Cefaï (2010), que a partir da retomada da análise fenomenológica na França, estudou a ação dos agentes sociais e das enfermeiras nas *maraudes* do Samusocial de Paris e suas relações com os moradores de rua, marcadas antes pelo sentido corporal do que pelo diagnóstico clínico, e as quais poderia gerar um vínculo entre esses atores. Feltran (2010) utiliza-se da mesma noção – como uma noção analítica derivada de um termo nativo – para pensar os atendimentos realizados pelos educadores sociais do Centro de Defesa da Criança e do Adolescente (CEDECA) e suas relações com os adolescentes desta região. Para o autor, o vínculo é um tipo particular de relação ao mesmo tempo profissional e pessoal, que no mesmo instante no qual as fronteiras entre profissional e assistido não são marcadas por parte daquele, em outro sentido, por parte do adolescente, há – e é cobrado a todo instante – um engajamento pessoal naquela relação, naquele projeto. Trata-se, neste sentido, de uma relação desigual de princípio. Rui (2012, p. 41-42) descreve o vínculo como aquela relação entre "o profissional e o indivíduo atendido que dote o segundo de recursos materiais, mas sobretudo emocionais, para iniciar uma reflexão sobre a situação na qual se encontra". Vale notar que o estabelecimento de vínculo entre o profissional da saúde e o paciente não é uma premissa apenas de Fernando, e muito menos da Clínica São Martinho, mas da medicina de família e comunidade em si (Anderson *et al.*, 2007, p. 158).

De todo o processo de estabelecimento do vínculo entre Clínica São Martinho e moradores por ela atendidos, partirei, de início, pela cena da consulta.

A cena do consultório

As consultas acompanhadas durante meu trabalho de campo podem ser divididas em duas séries. Em primeiro lugar estavam as consultas em que pude observar a construção do primeiro acesso ao paciente e a tentativa de estabelecimento do vínculo entre médico e paciente. Em segundo lugar, encontravam-se aquelas consultas em que se dava a manutenção deste mesmo vínculo, situação sempre delicada para Fernando. As consultas da primeira série eram completamente redesenhadas após uma série de técnicas que buscavam possibilitar o diálogo entre médico e paciente. O diagnóstico, o genograma e o histórico familiar eram algumas destas técnicas, que se moldavam a partir dos elementos da própria vida do paciente e que possibilitava, a partir daí, a subjetivação de cada paciente, confirmada ou não pela efetivação do vínculo. Caso o paciente continuasse com o tratamento proposto por Fernando, o vínculo entre ambos era então criado, e foi justamente isto que acompanhei na segunda série de consultas, principalmente em 2012 e 2013, quando Fernando já acompanhava seus pacientes há mais de dois anos. No entanto, como apontado, este é apenas um dos feixes de toda a relação que constrói o vínculo entre a equipe da Clínica São Martinho e os moradores da cidade. As consultas colocavam em relação os moradores de São Martinho e Fernando, e lhe permitiam determinar a direção do tratamento pretendido, elemento fundamental no trabalho de acompanhamento realizado pelos agentes comunitários de saúde no outro feixe do estabelecimento do vínculo – que garantem, por sua vez, a possibilidade da cena da consulta.

 Antes do início de cada consulta, Fernando verificava o prontuário do paciente e, então, se dirigia até a sala de espera para chamá-lo. Eu esperava do lado de fora do consultório, ao lado da porta, ideia de Fernando para que o paciente não fosse pego de surpresa pela minha presença no momento em que entrava à sala. Após os cumprimentos e a apresentação que Fernando fazia sobre mim, entrávamos todos ao consultório, comigo entrando por último e fechando a porta, enquanto Fernando e o paciente já se acomodavam em suas cadeiras. Ao final da consulta, Fernando se despedia do paciente de sua própria mesa, e eu ficava encarregado de lhe abrir a porta, e me despedia neste mesmo momento. Isto se repetia várias vezes pela manhã, e às vezes à tarde: em dias movimentados, Fernando atendia cerca de 15 pacientes pela manhã, e entre 6 ou 7 pacientes no período da tarde.

No caso do paciente jamais ter se consultado com Fernando, ou ainda estar em suas consultas iniciais, uma série de questões lhe eram feitas, com o objetivo de trazer para a conversa aspectos de seu cotidiano. Para tanto, Fernando normalmente fazia uso de um estoque discursivo que guiava boa parte de suas consultas, e que percorria por, no mínimo, três enunciados: a *ciência biopsicossocial*;[2] a genética e; e a epidemiologia. Tais enunciados operavam como regularidades discursivas (Deleuze, 2008, p. 15-15) pelas quais se distribuíam os principais argumentos utilizados por Fernando, e que eram por ele agrupados no que ele classificava de *ciência* (Fernando,

---

2   O modelo biopsicossocial de etiologia leva em conta a interseção de causas biológicas, psicológicas e sociais para a determinação da sensação da doença, e estimula que todos estes fatores sejam trazidos à tona pela anamnese realizada com o paciente (De Marco, 2006). Como se sabe, a adoção do modelo biopsicossocial está entre os princípios da Medicina de Família e Comunidade, que podem ser resumidos no seguintes pontos: 1) atuar, prioritariamente, no âmbito da atenção primária à saúde, a partir de uma abordagem biopsicossocial e existencial do processo saúde/adoecimento; 2) desenvolver ações integradas de promoção, proteção, recuperação da saúde, no nível individual e coletivo; 3) priorizar a prática médica centrada na pessoa, na relação médico/paciente, com foco na família e orientada para a comunidade; 4) coordenar os cuidados de saúde prestados a determinados indivíduos, família e comunidade, referenciando, sempre que necessário, para outros especialistas ou outros níveis e setores do sistema, mas sem perda de vínculo; 4) estimular a resiliência, a participação e a autonomia dos indivíduos, das famílias e da comunidade; 5) desenvolver novas tecnologias de APS; 6) desenvolver habilidades no campo da metodologia pedagógica e a capacidade de autoaprendizagem e empoderamento dos indivíduos e; 7) desenvolver a capacidade de atuação médica humanizada, relevando seus aspectos científicos, éticos e sociais (Anderson *et al.* 2007, p. 158). No texto, utilizarei a expressão "ciência biopsicossocial", assim como era usada por Fernando.

07/07/2011). Em seu trabalho de anamnese, era a *ciência* que guiava o ritmo e o diálogo clínico pretendido por Fernando.

A anamnese pode ser compreendida como o exercício dialógico posto em prática entre médico e paciente, tendo por finalidade trazer à tona todos os fatos relevantes que podem ter relação com o atual estado do paciente. Trata-se do ponto de partida para o estabelecimento de um diagnóstico e tem, no modelo da saúde da família, uma função primordial, pois possibilita o acesso, por parte do médico, à dimensão relacional em que o paciente está inserido. Fernando considerava a técnica anamnésica fundamental para pôr em relação aquilo que era próprio a cada paciente com aquilo que poderia ser observado nos dados epidemiológicos. A relação buscava dar aporte *científico* a seu diagnóstico, que era então construído tendo em vista a possível regularidade do caso clínico em questão.

As questões que envolviam a vida familiar, social e pessoal do paciente, uma hora ou outra passavam a ser feitas, e nelas Fernando permanecia durante boa parte da consulta, guiado pela *ciência biopsicossocial*. Aquelas que envolviam o histórico de doenças familiares, e que se guiavam pelo o que Fernando classificava de genética, eram realizadas no início de cada consulta e, especialmente, nas "primeiras consultas". A epidemiologia, como enunciado operacionalizável, possuía duas funções durante a consulta: por um lado, era o principal recurso de Fernando para justificar a algum paciente de que o exame ou medicamento requerido não eram necessários, ou não eram os mais adequados, o que abria a possibilidade para Fernando dar seguimento ao tratamento do modo como achasse mais adequado; por outro lado, especialmente para aqueles pacientes atendidos pela primeira vez, Fernando construía uma relação de confiança entre ele e o paciente, um primeiro vínculo, apontando diversos dados epidemiológicos, mostrando tabelas e gráficos em seus livros e em seu computador, e mesmo entrando em uma página do Departamento de Saúde dos Estados Unidos,[3] que indicava exames e cuidados necessários de acordo com o sexo e a idade.

Isto pôde ser observado em um dia de muitos atendimentos, em julho de 2011. A primeira paciente de Fernando entrou muito irritada ao consultório, lhe dizendo que o que faziam com os pa-

---

3   A página utilizada era: <www.healthfinder.gov/myhealthfinder>.

cientes era um absurdo. Fernando então lhe perguntou o motivo da consulta, tentando deixar de lado a reclamação, e a paciente lhe disse que sentia algumas dores pelo corpo, e achava que era preciso marcar uma radiografia para conferir, concluindo, mais uma vez, com a reclamação do atraso. Após realizar um exame físico, Fernando disse que dificilmente as dores indicavam algo mais grave e, para corroborar seu diagnóstico, pediu para que ela visse com ele a página do Departamento de Saúde dos Estados Unidos. Fernando digitou o sexo e a idade da paciente nos campos indicados e, após alguns segundos, uma série de exames, cuidados, assim como vacinas, estavam listadas como indicadas para a paciente. Fernando lhe explicou que algumas das indicações deveriam ser descartadas, pois levavam em conta o perfil da população norte-americana. Após a consulta, Fernando disse que "eu fiz isto porque ela foi uma desaforada. Eu quis mostrar para ela que eu não estou aqui brincando. Ela estava equivocada pedindo aqueles exames" (08/07/2011).

Neste caso, a manifestação *científica* das recomendações clínicas guiadas pelos dados epidemiológicos estabeleceu um novo equilíbrio durante a consulta, um reposicionamento que permitiu a Fernando estabelecer um programa de exames, que provavelmente demandaria uma nova consulta, e possibilitaria um novo vínculo entre ele e sua paciente. A epidemiologia, enquanto enunciado operacionalizável durante a consulta, não era preponderante na clínica de Fernando: era utilizado, na maior parte das vezes, para descartar possibilidades, estabelecer regularidades, e possibilitar este novo equilíbrio de consultório, que então permitiria um novo seguimento à consulta, geralmente guiado pela *ciência biopsicossocial*. Quando o vínculo já fora estabelecido entre Fernando e algum paciente, e mesmo com alguns de seus familiares, a genética poderia dar o tom da consulta, especialmente se algum diagnóstico se repetisse para todos.

No início de cada consulta, Fernando anotava em seu prontuário o histórico de manifestação de alguma doença entre os familiares de cada paciente, assim como suas as linhas de parentesco mais próximas, além das gerações nas quais a doença fora diagnosticada. Se Fernando houvesse atendido qualquer parente em questão, era aberto, em seu computador, os respectivos prontuários, para que o histórico familiar pudesse ser consultado. Nesses casos, ele propunha para o paciente averiguar, com algum especialista, se não se tratava de algum "fator genético específico", como no caso de um paciente atendido em 2012, diagnosticado com Trombose Venal Profunda (TVP). O paciente já se consultara com Fernando há dois anos, assim como seu pai e irmão, diagnosticados com a mesma doença. Na consulta, Fernando propôs-lhe averiguar se o problema de trombose, na família, não se relacionava a algum fator genético, e o convidou para consultar-se com Carlos Grossman, que estaria em São Martinho ainda sem data definida, para cuidar de alguns casos que lhe seriam indicados. Após a consulta, Fernando disse que propôs a consulta com Carlos Grossman justamente pelo fato da trombose ser um problema de família e o assustar, fazendo-o consultar-se com outros médicos e não seguir as recomendações que lhe eram passadas (20/07/2012).

A genética, no modo como era operada em consultório, mapeava uma realidade fundamental para a clínica de Fernando, assim como para a rotina da Clínica São Martinho, enquanto uma Unidade de Saúde da Família: a própria *família*. Um *fator genético de família* era aquele acesso vacilante a uma conformação singular que se poderia chamar de *família*. Vacilante porque limitado e instável, pois estabelecia posições e linhas de parentesco através do histórico familiar anotado em prontuário, mas não garantia que aquela *família* retornaria à Clínica para permanecer consultando-se com Fernando, assim como não garantia o acesso às questões singulares que envolviam aquela *família*. Para além do mapa estabelecido pelo fator genético, a *família* de cada paciente poderia ser acessada – e construída pelo acesso – por outro caminho, preponderante durante as consultas que acompanhei: justamente por aquilo que Fernando chamava de *ciência biopsicossocial*.

A *ciência biopsicossocial* dava o tom dos diálogos de Fernando com seus pacientes, e determinava boa parte do tratamento por ele pretendido. Em uma das primeiras consultas que acompanhei, a paciente em questão reclamava de que estava, há alguns dias, com refluxo. Fernando pediu para examiná-la e disse que, pelo exame físico, achava que, na verdade, não se tratava de refluxo, mas de regurgitação, que são comumente confundidos. Após este diagnóstico parcial, Fernando disse que a estava sentindo um pouco ansiosa e perguntou se estava tudo bem. A paciente explicou que havia três meses que terminara um relacionamento de dez anos com seu namorado, de Recife. Fernando então perguntou se o período coincidia com os primeiros sinais do que ela estava chamando de refluxo. A paciente confirmou, e disse que, de lá para cá, as dores aumentaram bastante. Fernando encaminhou um pedido de endoscopia, mas disse que estava certo de que o refluxo era apenas um sintoma da situação pela qual a mulher estava passando que, segundo ele, era depressão (06/07/2011).

Quando a anamnese seguia as linhas da *ciência biopsicossocial*, um de seus desfechos era o diagnóstico de depressão, que ativava uma série de microacontecimentos no consultório, como o choro, o constrangimento do paciente, além de um novo equilíbrio no que toca a relação entre médico e paciente, relação que era deslocada para um novo eixo de inteligibilidade e permitia o acesso, por parte de Fernando, a realidades antes inacessíveis, muito pela desconfiança cotidiana visível por parte dos pacientes. Para aqueles pacientes que se consultavam pela primeira vez, as "primeiras consultas", esta série de acontecimentos de consultório permitiam uma primeira tentativa de estabelecimento de vínculo com o paciente, assim como com sua *família* e com toda a realidade que o cercava.

Algumas consultas eram especialmente delicadas, como a de uma paciente atendida em julho de 2012, que não era de São Martinho, mas morava na cidade há alguns anos. Desde o começo da consulta, Fernando se mostrou receoso em atendê-la na minha presença e, assim como fazia com todos os pacientes, frisou que, caso ela quisesse, eu poderia esperar do lado de fora do consultório. A primeira pergunta de Fernando para a paciente foi se ela havia "parado de pensar besteira" (Fernando, 18/07/2012). Ela respondeu que sim e, quando Fernando perguntou se ela ainda pensava em suicídio, ela deu a mesma resposta, mas que procurava, nestes momentos, ocupar a cabeça com outras coisas. Fernando disse que era exatamente isto que ela deveria fazer e renovou sua receita, que incluía três medicamentos psicotrópicos, para depressão. Fernando também preencheu um formulário de encaminhamento para o psicólogo, dizendo que ele poderia ajudá-la em outras coisas, mas enfatizou que, caso fosse preciso, poderia ir à Clínica São Martinho mesmo sem agendar. A paciente então disse que procuraria o psicólogo, mas que não gostaria de parar de ser atendida por Fernando. Após a consulta, Fernando disse: "É depressão aguda. Tem casos que eu não consigo mais atender. Eu vou até onde eu consigo. Mas tem paciente que não quer ser atendido pelo psicólogo, que quer continuar comigo. Aí, então, eu faço o possível." (18/07/2012).

O vínculo estabelecido, nestes casos, dificilmente era rompido, e muitos pacientes procuravam a Clínica para conversarem sobre suas rotinas. Nestes casos, Fernando agendava horários especiais de atendimento, a *agenda especial*, geralmente durante o período da tarde e, se possível, com toda a *família*. Este termo assumia um diferente significado daquele observado na construção do histórico familiar: *família*, nestes casos, trazia para o consultório aquilo que poderia afetar cotidianamente a vida do paciente. Mais precisamente, *família* eram aqueles que poderiam contribuir na organização da vida doméstica do paciente, aqueles com os quais o paciente deveria buscar apoio durante sua recuperação ou realização de um tratamento prescrito por Fernando. No limite, a *família* assemelhava-se à unidade doméstica.

Um destes atendimentos da *agenda especial* foi de Neusa Gross, que foi acompanhada de sua família – marido e dois filhos – à Clínica São Martinho. Fernando havia atendido Neusa duas semanas antes desta consulta, e havia recomendado que ela voltasse com a família para uma nova consulta, principalmente por achar que sua depressão e ansiedade provinham de suas relações familiares. Fernando convidou todos para entrarem no consultório e pediu alguns minutos até que ele achasse o genograma que havia feito para Neusa, durante a última consulta. Fernando então passou a conversar com todos, especialmente com Neusa. Ele perguntou sobre vida em família, assim como da vida em casal de Neusa e seu marido. Orientou a filha do casal sobre seu namorado e o modo como ambos se relacionavam, assim como procurou achar soluções para a tensão existente entre ela e seus pais. Enquanto isso, Fernando traçava o genograma, que possuía alguns pontos representando cada membro da família e várias linhas, algumas com traços mais suaves e outras que se assemelhavam à grafia de um relâmpago, que indicavam as relações mais amenas e mais problemáticas entre cada membro. Ao final da consulta, poucas indicações foram dadas por Fernando e sua impressão foi de que pouca coisa mudara na situação de Neusa.

Neste sentido, o genograma, assim como o mapa que o histórico familiar permitia traçar, participavam ativamente da anamnese de Fernando, enquanto condicionantes dos sintomas apresentados ou diagnosticados em seus pacientes. E tanto o genograma quanto o histórico familiar contribuíam para a delimitação da *família* de seus pacientes, por caminhos distintos: por um lado, o histórico familiar, construído a partir dos diagnósticos similares estabelecidos em pacientes que possuíam algum grau de parentesco, permitia a construção de um mapa, registrado no prontuário da Clínica São Martinho, o qual qualquer médico autorizado poderia acessá-lo a qualquer momento, mas que limitava-se em identificar as posições e graus de parentesco entre pacientes; por outro lado, o genograma, enquanto uma técnica dependente do vínculo estabelecido entre Fernando e seus pacientes, permitia que as próprias relações em que se inseriam seus pacientes fossem objeto de análise, em especial aquelas que se julgasse participar de suas vidas domésticas. A *família*, neste sentido, operava como um signo variável mesmo nas cenas de consulta, de modo mais expresso no momento em que Fernando fazia uso da genética ou da *ciência biopsicossocial* enquanto enunciados. Nos dois casos, a *família* era a via de acesso privilegiada à vida do paciente, mas era no momento em que Fernando utilizava o estoque discursivo da *ciência biopsicossocial*, assim como suas técnicas particulares, que esta relação entre médico e paciente passava a se transformar em vínculo, uma relação que certamente não cessaria ao fim da consulta.

A consulta era uma cena mínima, pontual, mas ao mesmo tempo distribuída ao longo do tempo, na repetição de consultas, no acompanhamento e controle dos pacientes. Mesmo se todo meu trabalho de campo se resumisse a puxar uma cadeira, sentar-me ao lado da mesa de Fernando e participar de suas consultas, poderia ter tido a chance de reencontrar moradores, rever rostos conhecidos, acompanhar um processo que pretende estabelecer o vínculo permanente entre médico e paciente e, mais do que isso, entre equipe e população atendida. A consulta se mostrava, deste modo, como um componente fundamental neste processo, o momento no qual morador e médico eram colocados frente a frente, espaço que permitia que aquele que, no fim das contas, determina o tratamento que deve ser seguido por toda a equipe, fosse questionado por aquele que recebe, de tempos em tempos, um agente comunitário de saúde em sua casa. Um momento, então, de diálogo, em todas as determinações, fissuras e sobrecodificações que este termo implica.

Diálogo, depressão e controle

De todos os enunciados que guiam a consulta de Fernando, tratarei, a partir de agora, de apenas um, a *ciência biopsicossocial*. Pois, ao seguir por ela, a consulta caminhava em direção a um diagnóstico usual, o de depressão. "A maior epidemia de São Martinho é a depressão" (Fernando, 05/07/2011). Esta frase foi dita quando eu ainda sequer havia chegado a São Martinho, no momento em que eu partia de Cruz do Bonfim para a cidade, na companhia de Fernando. "A depressão [em São Martinho] é cultural", disse também Fernando à mulher do pastor da Assembleia de Deus, que chegara à cidade em julho de 2012 e se dizia assustada com o número de casos que apareciam na igreja. No consultório, o que acompanhei não foi a depressão como uma realidade que circulava por São Martinho, mas, pelo contrário, uma realidade que era constituída e codificada discursivamente no momento da consulta, mas que, certamente, implicava uma série de acontecimentos para fora da sala de Fernando, assim como uma série de cuidados implícitos ao diagnóstico. O que se seguia era o vínculo entre médico e paciente. A confiança mínima que fazia com que o paciente voltasse para continuar a ser atendido por Fernando era o necessário para que se pudesse pôr em prática o tratamento pretendido, assim como garantir um controle mínimo da população atendida.

> Meu trabalho, aqui em São Martinho, assim como de todo médico de família, é um trabalho a longo prazo. Apenas daqui a dez anos que os resultados serão visíveis. Até lá já vou conhecer quase a totalidade das famílias da cidade e, provavelmente não, haverá mais "primeiras consultas" (Fernando, 16/07/2012).

Fernando utilizava a expressão *organizado* para definir a situação que ele esperava ver daqui há alguns anos: "daqui há 20 anos tudo isso vai estar organizado" (Fernando, 15/01/2013). Era esta a definição para a situação que ele procurava ajudar a realizar em São Martinho. No entanto, a continuidade de sua fala é: "mas é muito difícil mudar essa prática que eles [os martinenses] têm em relação à saúde" (*idem*). A questão, é que, sem dúvida alguma, os martinenses não eram inertes em relação à *organização* pretendida por Fernando. Muito pelo contrário, diariamente Fernando se irritava por causa de tratamentos interrompidos pelos próprios pacientes, ou simplesmente por sua mudança, o que tirava qualquer possibilidade de continuidade. No entanto, no momento em que a palavra *depressão* aparecia no diálogo, uma hesitação mútua dava lugar ao estabelecimento de um território comum, criado pelo próprio diálogo, no qual o paciente oferecia seus contornos e suas disposições singulares, e que Fernando reorganizava e utilizava como ferramenta de acesso àquilo que, até então, não havia sido permitido acessar: a própria vida do paciente.

Isso não era um plano de ação. A situação traçava as possibilidades e Fernando, por sua própria posição de médico de uma equipe de saúde da família, as utilizava da maneira que achava adequado. O que se permitia era aquele acesso inicial para o estabelecimento de um vínculo futuro, ainda que não garantido. Em meu primeiro dia de trabalho de campo na Clínica São Martinho, acompanhei a consulta de um bebê com poucos meses de idade. A queixa da mãe era de que a menina havia perdido peso durante as últimas semanas, assim como não conseguia mamar, o que a estava deixando muito preocupada. Para acalmá-la, Fernando explicou que é comum alguns bebês apresentarem dificuldade para mamar e perguntou porque ela havia ficado tão nervosa com a situação. Sua resposta foi que havia muitas pessoas, entre amigos próximos, vizinhos e familiares, querendo interferir no modo como ela cuidava de sua filha. Fernando então virou para o pai do bebê e disse que "sua função como pai, além de ajudá-la, é espantar essas pessoas!" (06/07/2011). Depois, concluiu que é muito comum as mães de recém-nascidos apresentarem casos de depressão. Enquanto chorava, a mãe explicava que não aguentava mais tantas pessoas lhe dizendo o que fazer com sua filha. Fernando abriu sua maleta, pegou um livro sobre prática clínica, fez algumas perguntas à mãe, e concluiu dizendo que seu diagnóstico era realmente de depressão. Para corroborar seu diagnóstico, Fernando notou que a perda de peso do bebê coincidia com a perda de peso da mãe, de acordo com o período por ela indicado.

Como um dos elementos iniciais para o estabelecimento do vínculo construído em consultório, o diagnóstico da depressão era, também, o momento final de uma cena maior, que é a própria consulta enquanto diálogo entre médico e paciente. Todo diálogo, afirma Jullien (2009, p. 111-117), pode produzir um movimento de equivalência, isto é, uma tradução. Na tradução, nos encontramos na situação na qual o que veiculamos como evidências de nosso pensamento redescobrem-se no espelho do outro, aprisionadas em um novelo de escolhas estranhas. A questão, então é: se não existe uma correspondência de princípio entre os modos de pensar, de que modo se dá a passagem de um para outro? Sem poder contar com invariantes, trata-se de traçar equivalentes. O autor trabalha com a noção de equivalência não como analógica, mas como funcional – fazer a representação encontrada de um lado sofrer todas as transformações e reformulações necessárias. Enquanto o invariante supõe uma universalidade de princípio, vertical, que remete a uma metafísica tranquilizadora; o equivalente, por sua vez, projeta uma universalidade transversal, ao detectar a ponte de recorte possível a partir do qual os pensamentos se instalam em perspectiva e se alinham. Nesse sentido, o diálogo constrói, no trecho mais propício, a ponte entre eles.

O diálogo estabelecido entre Fernando e seus pacientes construía, deste modo, ao longo da consulta, aquele território comum no qual os contornos singulares eram traçados pelos elementos trazidos à consulta pelos pacientes, mas através do qual Fernando acessava elementos de suas vidas, antes inacessíveis. O momento decisivo do diálogo era, sem dúvida, o diagnóstico da depressão, que indicava seu fechamento, mas, ao mesmo tempo, a transição para uma nova etapa da consulta, aquela que Fernando e seus pacientes passariam falar uma língua comum, permeada por todos aqueles elementos discursivos que guiavam a clínica médica.

O que procuro indicar por língua comum é justamente aquilo que Deleuze e Guattari (2007a, p. 13-20) chamam simplesmente de "língua". A língua, para os autores, como expressão da linguagem, não é comunicativa nem informativa. O que caracteriza a língua são os atos de fala, os atos interiores à linguagem, que se executam no momento da fala. É o ilocutório. Os autores definiram estes atos de fala como palavras de ordem. A palavra de ordem é a expressão de um ato de fala em uma língua. Assim, a língua opera comandos. E a linguagem só pode ser definida pelo conjunto de palavras de ordem, atos de fala que percorrem uma língua em um dado momento. Neste processo, não existe enunciação individual nem sujeito da enunciação. A enunciação é sempre operada por agenciamentos coletivos. Toda língua, deste modo, é uma língua *menor*, em variação pela própria fala, que jamais forma estrutura ou constantes.

A língua comum entre médico e paciente era constituída na maioria dos casos observados após o diagnóstico da depressão, a partir da própria vida do paciente, é modulada de acordo com o tratamento pretendido. Isto implica que, no controle de suas relações, um processo de subjetivação estava implícito, que de forma alguma deve ser confundido com um processo de sujeição. Com subjetivação, procuro descrever aqueles momentos nos quais a verdade era produzida no mesmo momento em que era extraída do paciente, a partir da prática da anamnese, como uma verdade interior ao sujeito, mas que o produzia no mesmo instante (Foucault, 2008a, p. 242-243).[4] Neste processo se inscrevia a construção de gênero, sua modulação. O principal instrumento desta operação era o *genograma*, que definia para cada sujeito familiar sua *função*, para cada qual sua posição na trama de relações.

A mudança em relação àquilo que estava sendo discutido durante a consulta fazia parte do próprio diálogo proposto por Fernando em suas consultas, que se assemelhava a uma virada inesperada no ritmo de sua anamnese, entretanto rotineira, e até construída por elementos comuns, como a pergunta "você sabe que pode estar sofrendo de depressão?" Cardoso (1999) denominou este momento como "dispositivo da consulta", na qual se operava "a reinterpretação de determinadas sensações corpóreas expressas e manifestas pelos pacientes, durante a consulta, como distúrbios psicopatológicos, (...)

---

4   Aqui, aproprio-me da análise de Foucault para a situação da consulta. Para o autor, o que estava em jogo era a pastoral católica, as práticas de confissão e a direção de conduta.

[e através dos quais] os médicos locais elaboravam o diagnóstico da 'doença mental" (p. 44-45). Para a autora, a consulta fixava o momento de interação e circulação de discursos sobre a morbidez, que traduziam o modo como as doenças se constituíam enquanto experiências significativas.

Em julho de 2012, acompanhei o atendimento de uma professora de alemão do município, que reclamava de uma forte dor na garganta, e trouxe alguns exames para mostrar a Fernando, que ele mesmo havia pedido. Ao olhar os exames, ele acabou notando uma pequena alteração na tireoide, mas logo avisou que não era nada de agravante. Ainda assim a paciente o questionou se era o caso de repetir os exames ou tomar algum medicamento, o que Fernando negou. Isto resolvido, Fernando a questionou sobre seu ritmo de trabalho nos últimos dias, e se ela achava que estava muito estressada. Sua resposta foi que sim, mas que, na verdade, a questão é que não conseguia falar com o filho, que estava sob a guarda do pai, desde a Páscoa, o que já faria mais de três meses. Fernando a explicou que são estes tipos de problema que não podem ser observados em um exame de sangue, e então lhe perguntou se ela sabia que poderia estar sofrendo de depressão. A paciente respondeu que talvez sim, e, passados alguns segundos, concordou com Fernando a respeito do diagnóstico.

Pela própria característica daquilo que Fernando chamava de *ciência biopsicossocial*, o estabelecimento do acesso à vida do paciente que o diagnóstico da depressão permitia trazia consigo tudo aquilo que se julgava estar presente neste feixe de relações, principalmente no que tocava àquilo que Fernando chamava de *família*. Mas se o acesso à *família* era um aspecto central no trabalho de Fernando, o seu funcionamento assumia igual importância, e era a *função* de cada membro da *família* que era, muitas vezes, colocada em discussão. Tanto na consulta em família de Neusa Gross, como naquela em que Fernando diagnosticou a depressão na mãe do bebê, outro elemento comum se sobressaía, então, na virada realizada pelo diagnóstico da depressão, que era o esforço em se estabelecer, no diálogo, a *função* de cada membro da família. A função do pai do bebê era ajudar a mãe, espantando os vizinhos e amigos que pudessem aborrecê-la. Na consulta de Neusa, a função de sua filha era saber se portar com seu namorado em relação à sua família – respeitá-los, em última medida –, assim como a função de seu marido era participar mais ativamente da criação de sua filha, etapas que fariam Neusa superar a depressão. E neste processo de subjetivação, na própria *função* estava inscrita a posição de gênero que deveria ser assumida por cada um. A própria definição daquilo que poderia ser chamado de homem e mulher se dava na determinação da *função* assumida por cada membro da *família*, na própria teia de relações que cada qual deveria assumir. Quando é a própria organização familiar que está em jogo, então a amplitude daquilo que se fazia em consultório, a própria consulta, tornava-se maior, assim como a dimensão do vínculo entre Fernando e seu pacientes estreitava-se na mesma medida em que se buscava dar contornos a esta formação variável, a *família*.

Em dezembro de 2012, um garoto de três anos de idade foi à Clínica São Martinho acompanhado de sua mãe. Durante a consulta, Fernando teve muita dificuldade em examinar o garoto, que dificilmente fazia aquilo que lhe era pedido. Fernando disse para a mãe que o menino era "genioso, não faz nada do que eu peço!" (Fernando, 27/12/2012). Isto o levou a questioná-la se, em casa, o menino era do mesmo jeito, o que a mãe respondeu que sim. Outra questão era se seu marido a ajudava na criação de seu filho, marido este que Fernando já sabia não se tratar do pai do garoto. Após a negativa da mãe, Fernando a lembrou de que seu marido conhecia o garoto desde os 8 meses de idade, e que era esperado que ele assumisse tal *função*, de auxiliá-la na criação de seu filho. Por fim, Fernando propôs que fosse marcada uma consulta na *agenda especial*, para o menino, sua mãe e o marido da mãe.

O processo de subjetivação do paciente enquanto um sujeito ciente de seu estado depressivo mantinha relação íntima, então, com a busca de um restabelecimento funcional de sua família, como a principal causa de sua condição corporal. Cada função situava-se em uma posição geracional e de gênero bem definida, naquilo que Foucault (2006, p. 102-103) indicou fazer parte do "dispositivo de aliança", que se estruturava por dois eixos básicos, marido-mulher, pais-filhos. Para autor, o nascimento do dispositivo de sexualidade esteve atrelado às técnicas de poder singulares do dispositivo de aliança, e atuou mesmo como seu suporte, possibilitando uma nova economia do prazer a partir mesmo da pedagogização da família.

A família e suas funções, proposta pela anamnese de Fernando e realizada pelo diálogo com seus pacientes, traçava novamente, pela própria subjetivação, o vínculo entre médico e paciente, de tal modo que tudo aquilo que a envolvia, poderia ser melhor esclarecido na cena da consulta.

Pude observar essa situação em uma consulta realizada ao final de 2012, época em que todas as indústrias calçadistas de São Martinho haviam dado férias coletivas, e muitos empregados aproveitavam para serem atendidos pela Clínica São Martinho. Nesta situação estava uma paciente que dizia estar sofrendo fortes dores no peito. Antes disso, porém, como não era uma *primeira consulta*, ela contou que havia sonhado com Fernando. Em seu sonho, ela estava na cidade de seu pai e, ainda assim, o "consultório de Fernando" era próximo de onde estava (28/12/2012). Inicialmente, Fernando achou o sonho curioso, mas logo em seguida lhe perguntou se estava tudo bem com sua vida, já que ele sabia que seu pai morava em Santa Catarina. A paciente explicou que estava com muita saudade de seu pai, mas que, mesmo de férias, não conseguiria vê-lo, já que uma passagem não sairia por menos de 200 reais. Fernando então lhe perguntou se ela não poderia fazer um empréstimo, com algum parente ou vizinho, o que ela explicou que seria complicado, replicado rapidamente por Fernando, que lhe disse que, caso não fosse, iria gastar muitos mais que 200 reais com medicamentos e exames que talvez fossem inúteis. Permanecendo na questão, Fernando disse que sabia muito bem de sua situação, enquanto recém-viúva. O fato era que ela havia perdido "o chefe da casa" ou "o homem da casa" (Fernando, 28/12/2012). Além disso, sua nora e seu filho não mais lhe falavam. Fernando então lhe propôs agendar um consulta na *agenda especial*, em fevereiro, para que ele pudesse atendê-la na companhia de seu filho e sua nora. Após a consulta, Fernando disse que este era um caso difícil, que o acompanhamento que ele mantinha com a paciente possibilitou a rapidez da consulta, que durou em torno de dez minutos, o que não se daria caso ele não a conhecesse.

Para Fernando, o tempo de duração de uma consulta era igualmente proporcional ao vínculo estabelecido com o paciente. Nesta relação, acrescenta-se aquela na qual o acesso à vida familiar do paciente, principalmente após o diagnóstico de depressão e através do uso do genograma, implicava uma maior possibilidade de estabelecimento do vínculo, não apenas com o paciente, mas com todos aqueles que se julgava interferir em seu estado de saúde. Deste modo, para Fernando, o número de consultas realizadas por ele na Clínica São Martinho, que chegava a 20 consultas por dia, era o resultado de todo seu trabalho de médico de família e comunidade, de conhecimento da população atendida, e do vínculo resultante do acompanhamento rotineiro de seus pacientes.

Um atendimento que Fernando realizou a um paciente que classificou de *complicado* expressou claramente a relação por ele estabelecida entre o tempo da consulta e o vínculo construído. O paciente, de 70 anos, já colocara fogo em sua casa alguns meses atrás, e, foi justamente Fernando, que o atendeu naquela época. A consulta era um retorno, na qual o paciente trazia um exame de sangue, que Fernando havia pedido por conta de sua osteoporose. O paciente falou durante toda a consulta, com poucas intervenções de Fernando. Contou que trabalhava muito, e que bebia muito também, justamente para aguentar o ritmo do trabalho. Olhando para mim, disse: "Eu não minto para do Dr. Fernando!" (10/07/2012). Passou a contar que a bebida também lhe ajudava a aguentar a vida: havia se divorciado de sua primeira esposa em 1998, que, segundo disse, lhe tirou tudo o que ele juntara até então. Fernando então perguntou: "você sabe que pode estar com depressão?" Mais uma vez, olhando para mim, o paciente respondeu: "Sim. Dá para ver nos meus olhos. Essas coisas dá para ver nos olhos das pessoas. [apontado para mim] Ele por exemplo. Ele dá para ver que não tem depressão. Essas coisas dá para ver nos olhos" (*idem*). Fernando então frisou que ele deveria tentar parar de beber de uma vez por todas, e receitou alguns medicamentos psicotrópicos para depressão. Antes de sair, o paciente perguntou se aquele medicamento era de "virar os olhos", o que Fernando respondeu: "é melhor se viciar no medicamento do que na bebida, não?" (*idem*). O paciente respondeu que sim, concluindo que gostava muito de Fernando, que retribuiu a gentileza. Disse que queria permanecer no tratamento com Fernando, em vez de passar a se consultar com a psiquiatra do Ambulatório, o que Fernando concordou.

"Com a ESF o vínculo é muito melhor" (Fernando, 24/07/2012). Em meados de 2012, Fernando já havia estabelecido uma relação com seus pacientes que ultrapassava os encontros isolados, e era isto que, para ele, havia dinamizado suas consultas. E de forma alguma o primeiro contato com algum paciente era a garantia de um vínculo futuro: era sempre uma aposta duvidosa, contudo, com a qual Fernando passara a conviver cada vez menos. E, do mesmo modo, o diagnóstico da depressão não era o único meio pelo qual Fernando estabelecia um primeiro nível de acesso à vida dos moradores de São Martinho: era, contudo, aquele modo que mais presenciei durante meu trabalho de campo, aquele pelo qual os pacientes mais receosos partilhavam problemas e entravam em uma relação na qual Fernando agora poderia lhes aconselhar e planejar o tratamento que julgasse ideal. E de tal modo eram incertas as possibilidades de continuidade do vínculo estabelecido a partir deste acesso inicial, que em todas as vezes que Fernando me pedira para sair do consultório, a justificativa quase sempre era de que aquele paciente era *difícil*, ou então de que se tratava de *mais um caso...* [de depressão]. Deste modo, aquilo que estava em jogo era não perder o vínculo construído ao longo de dois anos de trabalho, que Fernando sempre apontava como a diferença fundamental entre o modelo da ESF e o modelo biomédico tradicional ou, em suas palavras, "entre o modelo britânico e o modelo norte-americano [sendo o primeiro aquele que ele dizia seguir]" (Fernando, 09/07/2011).

No entanto, o vínculo apontado era aquele entre médico e paciente, que forma apenas um dos feixes de todo o vínculo estabelecido entre Clínica São Martinho e os moradores da cidade. O estabelecimento do vínculo envolvia outras etapas de trabalho, que formavam um segundo feixe da construção do vínculo entre Clínica São Martinho e moradores, das quais se ocupavam os agentes comunitários de saúde.

Partilha e controle: a construção do vínculo a partir da rotina das agentes comunitárias de saúde

O trabalho dos agentes comunitários de saúde constitui o segundo feixe de relações que organizava o vínculo entre Clínica São Martinho e moradores. Entre todos aqueles ligados à equipe de saúde da família da Clínica São Martinho, pude acompanhar a rotina de visitas de duas agentes: Sônia e Letícia. No que toca ao acesso aos moradores atendidos pela Clínica, a diferença entre aquilo que era operacionalizado por Fernando e pelas agentes era clara: no primeiro caso, uma série de técnicas e ferramentas eram utilizadas na cena da consulta, como o genograma, o histórico familiar, o uso dos dados epidemiológicos, e mesmo o diagnóstico, que reorganizavam todo o diálogo entre Fernando e seus pacientes; no caso das visitas de Sônia e Letícia aos moradores atendidos pela Clínica São Martinho, era a partilha de elementos comuns do cotidiano dos martinenses que era operacionalizada para o acesso às suas casas, como parentesco e vizinhança, mas também a própria distribuição que se fazia dos objetos domésticos, como o fogão à lenha, em torno do qual, especialmente no inverno, agentes e moradores se sentavam durante toda a visita.

O acesso aos moradores decorria, em grande medida, de algum vínculo anterior mantido com as famílias visitadas. Na maior parte das vezes, a vizinhança entre agentes e moradores era o que determinava a relação já existente entre ambos. Outras vezes, algum laço de parentesco determinava a relação, ainda que na menor parte dos casos. Boa parte destas relações eram relegadas, por Sônia e Letícia, a períodos anteriores ao trabalho na Clínica São Martinho. Mesmo Sônia, a agente há mais tempo em serviço de todo o município de São Martinho – eram dez anos de atividade – valia-se de vínculos prévios à sua atividade de agente comunitária de saúde para o acesso à maioria das casas por ela visitadas. Isto não implicava, no entanto, que a oficialidade de suas posições fosse descartada. Todo o vestuário de Sônia e Letícia apontava para o contrário: desde o boné, até às bolsas em que carregavam seu material, tudo era identificado com o brasão do município de São Martinho, assim como com a legenda da Secretaria Municipal de Saúde. Além disso, as visitas possuíam um programa e um cronograma previamente estabelecido: cada agente buscava visitar em torno de seis casas por dia e, a cada casa visitada, uma série de questões compunha um itinerário básico de seu trabalho. O número de moradores, os medicamentos utilizados, o estado de saúde, o interesse em agendar uma consulta: questões que se repetiam casa a casa e que, assim como toda a identificação visual, marcavam a discrepância entre agentes e moradores, apesar de toda a partilha de um cotidiano comum.

O cotidiano das visitas

Sônia era, em 2012, a agente comunitária de saúde há mais tempo em serviço em São Martinho. Havia treinado Letícia quando esta fora admitida para o cargo de agente, e conhecia boa parte das famílias residentes da Vila Alta, o bairro que compreendia grande parte de sua microárea de atuação, próximo ao centro da cidade. Como a maioria dos agentes ligados à Clínica São Martinho, Sônia não se ocupava apenas da atividade de agente, mas mantinha também um salão de beleza em sua casa, e aproveitava as visitas que fazia para agendar cortes de cabelo, sua especialidade. Apesar de não residir na Vila Alta, foi lá que construiu sua primeira casa e, por isso, conhecia grande parte de seus moradores desde antes de seu trabalho para a Clínica São Martinho. Havia aqueles que Sônia conhecera após ocupar-se da função de agente comunitária de saúde, a minoria. Suas visitas ocorriam sempre pelo período da manhã, período em que podia deixar seu filho em uma das creches municipais de São Martinho. Pela tarde, Sônia ocupava-se de seu salão. Apesar da queixa do baixo salário, Sônia dizia gostar de trabalhar como agente comunitária de saúde na Vila Alta. Conhecia muito bem os moradores do bairro, e quase todos a recebiam bem. Contou que jamais teve qualquer problema com as famílias da Vila Alta, mesmo quando ainda não era agente comunitária de saúde, o que facilitava muito seu trabalho.

Sônia e eu sempre marcávamos às 8h, ao lado da creche de seu filho. Da creche, seguíamos diretamente para as visitas. Ao entrar na rua que levava até a Vila Alta, e mesmo já no bairro, subíamos uma *lomba*[5] até que se avistasse a primeira casa, que já ficava no alto da montanha. A maior parte do bairro era disposto de modo a ladear sua rua principal, e uma ou outra casa ficava mais distante desta rua, com acessos de terra, ou mesmo sem acessos delimitados. Uma das primeiras casas da Vila Alta era a de Maria Bauer.

Como de costume, a visita teve como espaço a cozinha, que, como se repetia nas casas mais antigas de São Martinho, tratava-se de uma construção à parte do restante da casa. Após a recepção de dona Maria, sentamo-nos em torno do fogão de lenha, dona Maria,

---

5   Ladeira; declive. Geralmente, usado para indicar, além da inclinação da subida, um percurso longo.

Sônia e eu. O marido de dona Maria, seu Armando, ainda estava na *roça*, e chegaria logo depois. Antes de fazer as perguntas de praxe, Sônia quis saber de seu Armando, que dona Maria respondeu dizendo que estava na *roça*, porque, "mesmo no frio, tem que cuidar das coisas" (Maria, 19/07/2012). Eles mantinham uma plantação de batatas, mas levantavam pouco dinheiro com a plantação, o que, para ela, se repete com os demais *colonos* e desestimula as gerações mais novas a se interessaram pela atividade. Neste momento seu Armando chegou à cozinha, e sentou-se conosco. Sônia aproveitou então passar a fazer as perguntas técnicas, começando pelos medicamentos de que ambos estavam fazendo uso. Seu Armando disse que não sabia ao certo, porque havia jogado as caixas dos medicamentos no fogão, para acender o fogo. Em tom repreensivo, Sônia disse que era por essas e outras que os homens de São Martinho morriam antes que as mulheres. Por fim, Sônia completou a ficha ambulatorial com as informações que já sabia de antemão, enquanto dona Maria fora buscar um licor que haviam lhe dado, e que ela adorara: era Amarula, que já havia tomado uma garrafa, com seu Armando. Sônia comentou, então, que os homens de São Martinho gostam de beber, e param com os medicamentos nos finais de semana, o que seu Armando concordou.

Entre as etnografias que acompanharam a implementação da ESF, uma operação muito próxima foi observada por Lotta (2010) e Coelho (2011). No primeiro caso, a autora mostra (Lotta, 2010, p. 205-211) como, quando aquilo que estava em jogo eram os estilos de interação com a comunidade, os fatores relacionais dos agentes comunitários de saúde ganham relevância, como suas afiliações prévias a outras coletividades e suas trajetórias pessoais – referências feitas à família, vizinhança, história pessoal e religião são alguns exemplos trazidos pela autora. Apesar de, segundo os casos acompanhados pela autora, estes fatores atuarem pouco no modo como os agentes se comportam enquanto profissionais, exercem grande influência na possibilidade do acesso e do vínculo com os moradores. Coelho (2011, p. 85-104), por sua vez, observou, em seu trabalho de campo, a função intermediária assumida pelo agente comunitário de saúde, responsável pela tradução do saber médico em linguagem popular, justamente por acessarem ambas, além de acomodarem a ESF nas singularidades da população local.

A partilha de um cotidiano comum, através da vizinhança, parentesco ou mesmo, como sugere Lotta (2010), através de trajetórias pessoais similares entre agentes comunitários de saúde e os moradores por elas atendidos atuava, naquilo que pude acompanhar, como uma constante, que não se restringia ao momento do acesso. A atuação profissional de Sônia era facilitada, no momento da visita, por uma série de elementos que compunham tramas relacionais comuns entre ela e os moradores da Vila Alta, o que permitia que se discutisse assuntos que, no consultório, talvez fossem revestidos de interditos, como a interrupção do uso de medicamentos durante os finais de semana para o consumo de bebida. Isto não implicava que tais assuntos não fossem operacionalizados por Sônia, em sua função enquanto agente comunitária de saúde: sua repreensão a seu Armando, acionando seu conhecimento prévio daquilo que era comum aos homens de São Martinho, aponta para o sentido oposto. O vínculo passava a se compor, então, através de linhas distintas, em que a função de agente comunitária de saúde valia-se da partilha de tramas relacionais comuns, mas no qual estas mesmas tramas eram atualizadas enquanto instrumento de trabalho. O acesso, mas também o próprio inquérito que se fazia sobre cada casa visitada era uma composição que não excluía fatores que poderiam ser considerados opostos.

Uma operação similar pode ser observada em outra visita na qual acompanhei Letícia, em sua função de agente comunitária de saúde, à casa de seus sogros. A microárea de atuação de Letícia abrangia todo o bairro da Vila das Araucárias, assim como parte da Vila Jung, que é separada do centro da cidade por uma estrada asfaltada, com cerca de um quilômetro de comprimento. Percorrida a estrada, chegava-se diretamente à rua principal da Vila das Araucárias, continuação desta mesma estrada. Letícia morava com seu marido na Vila das Araucárias, em uma casa bem próxima à casa de seus sogros, e perto de sua *roça*, que tanto ela quanto o marido mantinham. Durante as manhãs, tanto Letícia quanto seu Marido dedicavam-se exclusivamente à *roça*. Antes de sair para as visitas, Letícia deixava seu filho na Creche da Vila das Araucárias, e então partia diretamente para as visitas. Seus parentes mais próximos moravam, também, na Vila das Araucárias, assim como a família de seu marido, ambos martinenses. Letícia foi a primeira agente comunitária de saúde que me possibilitou acompanhar seu trabalho, ainda em 2011.

Foi em meu primeiro período de campo que acompanhei Letícia em sua visita à casa de seus sogros. Ao nos receber, os sogros de Letícia logo nos acomodaram em torno da mesa da cozinha e puseram-se a preparar um chimarrão. Letícia passou a fazer as perguntas de praxe: medicamentos utilizados naquela ocasião; última visita à Clínica São Martinho; estado de saúde; idade; interesse em agendar consultas e; número de moradores da casa. Diferentemente de Sônia, que perguntava o resultado da última medição da pressão arterial, Letícia perguntava se a pressão estava controlada, e, caso a resposta fosse afirmativa, abria seu caderno na página dedicada à família em questão, onde já constava a pressão arterial considerada normal para cada morador da casa. Após conferir, dava um visto, com a data da visita. Enquanto tomávamos o chimarrão, Letícia passou a tratar de alguns assuntos particulares com seus sogros, como o estado de sua *roça*, seu filho etc. Por conta do chimarrão, e do frio que fazia naquela tarde, ainda ficamos alguns minutos a mais, e depois fomos para a próxima visita.

A atualização da proximidade para estabelecimento de relações que seriam regidas, a princípio, por outra ordem, como a relação entre um agente comunitário de saúde e um morador, é um aspecto que ressoa pelas etnografias. Cefaï (2011, 67-102), quando acompanhou o cotidiano de uma associação de moradores no baixo Belleville, em Paris – *La Bellevilleuse* –, observou que a associação constituía-se através de uma trama de relações interpessoais, nas quais eram trocadas experiências sensíveis, situações de prova afetiva, nas quais o tom comum era o descaso da Prefeitura de Paris com as condições de vida dos moradores do baixo Belleville. A partir disto, a associação passou a criar seu próprio corpo de associados, valendo-se de redes de sociabilidade e proximidades pré-existentes e, claro, criando novas. O comprometimento de cada morador para com a associação não se dava através de um trabalho de conscientização, mas por um entendimento recíproco, uma micro-cena, na qual era a própria copresença e visão de mundo que estava em jogo.

A relação de parentesco e vizinhança estabelecida com algumas das famílias visitadas não excluía, e muito menos tornava menos importante, a postura e o comportamento técnico de Sônia ou Letícia. Muito pelo contrário, ambas possuíam em seus respectivos cadernos de trabalho cada casa de suas microáreas de atuação, numeradas em cada página, como os nomes de seus integrantes, os medicamentos utilizados por todos eles, as dosagens, o controle da pressão arterial, as reclamações ou queixas a respeito de estado de saúde, as visitas à Clínica São Martinho, assim como registravam o interesse em agendar uma nova consulta com Fernando. O vínculo prévio com os moradores da Vila Alta e da Vila das Araucárias era, então, traduzido para um novo vínculo, entre agente comunitária de saúde e moradores atendidos pela Clínica São Martinho, e eram estes moradores que, cada qual registrado em uma ficha ambulatorial que eram posteriormente entregues ao restante da equipe de saúde da família, que passavam a ser pautas de discussão de toda a equipe.

Em outra visita que realizei com Letícia, fomos até a casa de Célia, no interior da Vila das Araucárias. Letícia contou que se tratava sempre de uma visita difícil, pois, segundo Letícia, Célia sofria de depressão. Assim que Letícia bateu à porta para chamá-la, fomos recebidos com muito choro. Célia explicou que chorava por causa de sua vida. Era a primeira vez, soube depois, que Letícia passava por uma situação como esta. Aos poucos Letícia me contava o que sabia sobre Célia, que a interrompia para complementar as informações. Letícia então achou melhor que não fôssemos embora, por medo de Célia tentar cometer suicídio, e tentava telefonar para o ambulatório, para conseguir que algum motorista nos buscasse e nos levasse até a Clínica São Martinho. Era, também, a primeira vez que teria levar um morador até Fernando. Célia estava muito relutante em se consultar com Fernando, por receio em lhe falar sobre sua vida. Letícia procurou lhe acalmar, dizendo que tudo o que ela falasse para Fernando dentro do consultório não seria dito para ninguém. Após chegarmos à Clínica São Martinho, Letícia me contou ter ficado muito nervosa com toda a situação.

O vínculo entre Clínica São Martinho e moradores atendidos se constituía, neste segundo feixe de sua construção, a partir do reposicionamento e de uma nova disposição de tramas relacionais em que Sônia e Letícia mantinham em comum com os moradores atendidos pela Clínica. Durante as visitas, nada permanecia o mesmo, assim como nada era deixado ileso por uma distinção – profissional/relacional – que, na verdade, era borrada. Vizinhos transformavam-se em famílias da microárea de atuação; moradores transformavam-se em moradores atendidos pela Clínica São Martinho; e parentes transformavam-se usuários do sistema de saúde. Tudo isto se dava no momento da visita. Acionava-se e se desfazia do mesmo modo, mas de forma alguma o cotidiano comum e a atuação profissional deixavam de se implicar reciprocamente, de se definir um pelo outro.

UMA POPULAÇÃO DE PACIENTES

Os dois feixes de relações que marcavam o estabelecimento do vínculo entre Clínica São Martinho e moradores possibilitavam uma tradução de signo, assim como uma modulação da existência: o que começa a se formar é uma população atendida, o público alvo da ESF em São Martinho, a partir de técnicas distintas de subjetivação e identificação. A delimitação de uma população residente que seja o público alvo das ações de uma USF está preconizada nos princípios de ação de uma equipe de saúde da família (Giovanella e Mendonça, *op. cit.*, p. 604). Ainda assim, como se procurou descrever, esta população jamais se constituiu enquanto uma realidade em si, mas enquanto um produto de um conjunto de técnicas – clínicas, terapêuticas e de saúde pública –, que procuravam lhe dar forma e realidade própria.

Foucault (2006, p. 150-152) propõe que a emergência do Estado moderno marca uma inversão do poder soberano, no sentido em que, em vez do velho direito de causar a morte, o Estado moderno coloca em operação um poder capaz de causar a vida. Este novo tipo de poder desenvolveu-se de duas formas principais: a primeira centrou-se no corpo como máquina, adestrando-o, ampliando suas aptidões, caracterizando a disciplina, ou anátomo-política do corpo humano; a segunda centrou-se no corpo-espécie, na dinâmica dos nascimentos, mortalidade, duração da vida, caracterizando controles reguladores e gestão ou uma biopolítica da população. De um lado, um poder que se insere e produz um corpo-máquina; de outro, um poder que se insere e produz um corpo-espécie, a população. A operação conjunta destas duas formas de poder é o que o autor chamou de biopoder.

A busca pela construção do vínculo entre Clínica São Marinho e os moradores que poderiam formar sua população atendida não era, então, desprovida de princípios: aquilo que se passa com tais moradores não se acessaria de outra forma se não com a construção de uma relação duradoura entre médico e paciente, entre agentes comunitários de saúde e moradores. E em cada feixe desta trama relacional, operações singulares eram colocadas em prática. Na cena do consultório, a epidemiologia marcava o recurso básico para a delimitação daquilo que deveria ou não ser descartado; o histórico familiar desenhava o mapa fundamental do parentesco, a partir dos diagnósticos similares; o genograma, por fim, trazia para o diálogo a própria organização familiar, geralmente a partir da confiança estabelecida entre médico e paciente. Esta confiança, na maioria dos casos, dava-se pela criação comum de um estado que estaria latente no próprio sujeito, como o estado depressivo. A partir de então, o médico seria aquele elemento externo fundamental para a existência do próprio sujeito enquanto um sujeito saudável, o que envolvia, como descrito, suas relações familiares e domésticas como elementos fundamenteis no processo de subjetivação – com suas posições geracionais e de gênero muito bem estabelecidas.

Para fora do espaço da Clínica São Martinho, no trabalho de Sônia e Letícia enquanto agentes comunitárias de saúde, a busca pelo vínculo se dava por operações distintas. Antes de um processo de subjetivação, o que se buscava era a identificação de cada casa, de cada morador, dos medicamentos utilizados, assim como suas prováveis reclamações ou agravos que pudessem ser comunicados ao restante da equipe da Clínica São Martinho. Os elementos comuns do cotidiano de Sônia, Letícia e dos moradores por elas visitados possibilitavam não apenas o acesso às suas casas, mas também um diálogo que poderia trazer à tona questões consideradas interditas para se falar a um médico, ou ainda assuntos diversos que tornavam o ambiente da visita menos austero e estranho que o espaço do consultório. O preenchimento de cada ficha ambulatorial com os dados de cada casa visitada se dava nestes momentos de interação e de partilha de um cotidiano comum. As fichas guardavam, entretanto, todas as informações necessárias para um programa de intervenção médica, que era colocado em debate por toda a equipe da Clínica São Martinho, em reuniões semanais.

A população atendida da Clínica São Martinho se formava, então, por dois eixos de relações de construção de vínculo e compunha-se de uma formação que não era individual e muito menos plural. No consultório, naqueles casos em que Fernando construía sua anamnese embasado na *ciência biopsicossocial*, não era o indivíduo em estado depressivo o alvo elementar de sua clínica: pelo contrário, era o sujeito composto de relações familiares, relações que deveriam se ajustar e assumir cada qual sua *função*, o que refletiria no estado saudável do sujeito. Uma realidade, então, de dupla expressão: o sujeito-corpo e o sujeito-família, a unidade básica de uma população atendida. A identificação analítica realizada pelas agentes comunitárias de saúde partia da mesma premissa: cada ficha carregada trazia as informações de uma *casa*, e eram no conjunto de seus residentes que se organizava as informações. O paciente da Clínica São Martinho formava-se, deste modo, por esta subjetivação de dupla implicação – corpo/família – que, compósitos de uma área de ação da Clínica São Martinho, formavam uma população atendida, dependente de um vínculo que não é dado.

Por isso mesmo, os moradores de São Martinho, assim como os demais membros da equipe da Clínica São Martinho, jamais permaneceram inertes a este processo.

Resistências

"Não existe relação de poder onde as determinações estão saturadas, (...) mas apenas quando ele pode se deslocar e, no limite, escapar (...) A relação de poder e a insubmissão não podem, então, ser separadas" (Foucault, 1995, p. 244). As resistências ao vínculo entre médico e paciente davam sinais cotidianos de existência, e provinham não apenas das escolhas dos pacientes em não seguir o tratamento proposto, mas das relações existentes entre os membros da própria equipe da Clínica São Martinho, que redistribuía toda a disposição das coisas e dos corpos, distinta daquela que poderia ser classificada por Fernando como *organizada*. Na verdade, Fernando tinha outra expressão para essas situações: "desorganizam todo o sistema" (12/07/2012). Na Clínica São Martinho, havia duas séries de situações que *desorganizavam o sistema* e participavam da própria rotina de atendimentos. Na primeira série, estavam aquelas situações que mantinham relação com a cena do atendimento: geralmente, tratava-se de uma fuga ao tratamento pretendido por Fernando. Ainda na mesma série de situações, encontravam-se aquelas em que sua consulta ou tratamento não saía como planejado, que cuja causa encontrava-se principalmente na circulação de pacientes entre as demais esferas de atendimento médico do município, principalmente no Ambulatório 15 de Abril. Na segunda série, estavam aquelas situações que mantinham relação com a própria organização da equipe da Clínica São Martinho. Aqui estavam as discussões, os desentendimentos, as queixas, as acusações e as distâncias que dificilmente eram superadas pelas reuniões de equipe. Em ambas as séries, duas condições se faziam cada vez mais expressas: o estabelecimento de vínculos alternativos àqueles propostos pela organização de uma Unidade de Saúde da Família e; a distribuição do atendimento médico realizado pelo sistema municipal de saúde.

Os *ansiosos* e a ameaça ao *sistema*

A expressão *desorganiza o sistema* geralmente era utilizada por Fernando no curto espaço de tempo entre uma consulta e outra. No entanto, a primeira vez que Fernando fez uso da expressão foi em um de nossos retornos para casa, que fazíamos a pé, após uma manhã de consultas. Fernando me explicava sobre a organização da ESF e sobre a função de *juiz* de um médico de família e comunidade: "este caso vai para o especialista. Este não... Isto organiza o *sistema* muito melhor" (Fernando, 12/07/2012). No entanto, para Fernando, "alguns pacientes, por causa de *ansiedade* mesmo, *desorganizam todo o sistema*. Aqui em São Martinho, uns 60 pacientes devem dar um prejuízo de 100 mil reais" (*idem*). Após uma de suas consultas, Fernando comentou que o paciente em questão já se consultava com ele há dois anos. No entanto, para ele, o problema era que o paciente era muito *ansioso*, e ainda desconfiava de sua atuação enquanto médico. Isto fazia com que o paciente consultasse vários outros médicos e sempre retornasse com uma série de exames e receitas que Fernando não havia pedido. "É um daqueles que *desorganiza todo o sistema*" (Fernando, 20/07/2012).

A classificação de *ansioso* decorria daquelas situações em que o vínculo entre médico e paciente não se realizava, de modo a não garantir o controle do tratamento de algum paciente. A agência do vínculo não realizado era atribuída ao paciente, que, por sua *ansiedade*, colocava em questão o diagnóstico e o exame realizado por Fernando. Ao contrário do paciente em que o processo de subjetivação parecia ter se realizado com sucesso, o *ansioso* insistia em permanecer com suas dúvidas, o que era mesmo uma ameaça à organização do sistema. Um caso expressivo desta situação foi a consulta realizada com um garoto de 12 anos, acompanhado de sua mãe, que o levava à Clínica São Martinho pela terceira vez em uma semana, e insistia sobre a necessidade em se receitar um antibiótico. Sobre a postura da mãe, Fernando disse

> Essa mulher iria correr de médico em médico até conseguir um antibiótico. Ela é muito *ansiosa*. E, com isso, deixa o menino *ansioso* também. Você não viu a cara dele? Ele estava visivelmente deprimido. E isto é ela que passa para ele. Você vai ver, ele vai tomar o antibiótico e amanhã já vai estar melhor. Bah! Nestes casos não tem o que fazer. Tem que dar o antibiótico (Fernando, 11/07/2011).

Em julho de 2012, Fernando atendeu uma paciente com muita tosse, que tinha mesmo dificuldades em falar com Fernando por conta disso. A paciente contou que fora receitado alguns medicamentos no momento em que fora atendida no Ambulatório 15 de Abril, mas como sua tosse não havia melhorado, voltou ao ambulatório, quando foi atendida por outro médico que lhe passou um antibiótico. Fernando ficou espantado com a informação: "Mas, bah! O primeiro médico já havia passado antibiótico. Tá aqui [no prontuário]. Amoxicilina. Este é antibiótico. Você não pegou este?" (18/07/2012). A paciente negou, mas confirmou que o último médico também lhe receitara um antibiótico, mas era outro. Fernando: "Como assim? Ele não evoluiu isto aqui [no prontuário]. Você tinha que ter dado a primeira receita para ele. Também tem que pedir pro médico sempre evoluir o prontuário!". Após a consulta, Fernando contou ter ficado muito irritado com a paciente pela sua *ansiedade*, por ter misturado os medicamentos e não ter seguido as orientações que haviam lhe sido dadas em seu primeiro atendimento no Ambulatório 15 de Abril, o que pode *desorganizar todo o sistema*.

A distribuição do atendimento médico oferecido pelo sistema público de saúde de São Martinho contribuía, em si mesmo, para que o vínculo entre médico e paciente fosse sempre colocado em tensão. A possibilidade do atendimento de urgência fazia com que alguns moradores de São Martinho procurassem o Ambulatório 15 de Abril para rever diagnósticos dados por Fernando, renovar a validade de suas receitas médicas que lhe haviam sido dadas na Clínica São Martinho, ou mesmo para serem atendidos quando julgassem necessário. A circulação de médicos pelo Ambulatório 15 de Abril, que trabalhavam às vezes poucas semanas e depois deixavam a cidade, não possibilitava a Fernando a construção de uma relação duradoura com tais profissionais, o que inviabilizava o estabelecimento de estratégias comuns para o tratamento dos pacientes, apesar de suas tentativas. O resultado, na maioria das vezes, era a existência de diagnósticos e receitas concorrentes, e a possibilidade sempre aberta de que Fernando perdesse o controle do tratamento pretendido para seus pacientes.

Uma situação deste tipo ocorreu em janeiro de 2013, quando Fernando fora chamado para cobrir o horário de um plantão noturno, que, a princípio, não lhe cabia. Por conta de uma complicação com um paciente, Fernando teve de comparecer naquela noite de terça-feira ao plantão. Chegando ao Ambulatório Municipal, a médica plantonista relatou todo o caso para Fernando, que estava bastante irritado por conta do paciente em questão ser seu paciente na Clínica São Martinho e nada, até então, lhe havia sido relatado. Fernando, então, passou a falar da falha de comunicação entre os médicos do sistema de saúde e avisou para a médica plantonista que uma prática comum em São Martinho, segundo o que ele observara desde que chegou ao município, é a procura, por parte de alguns pacientes, pela renovação da validade da receita médica com os médicos plantonistas, receita frequentemente adquirida na Clínica São Martinho. Para ele, isto pode prejudicar todo seu trabalho de acompanhamento e controle dos pacientes. A médica garantiu que ela jamais renova uma receita no Ambulatório, e que justamente naquela noite um morador havia se indisposto com ela por conta disto. Pelo que contou, o morador havia telefonado diretamente para a Secretaria de Saúde, que havia o orientado a pedir a renovação da receita no Ambulatório. A conversa se encerrou com Fernando avisando que isto se repetiria, e que, muito provavelmente, a médica ganharia indisposição com a população "apenas por seguir o procedimento correto" (Fernando, 15/01/2013).

A distribuição das esferas de atendimentos de acordo com o nível de complexidade de cada caso é uma premissa do SUS, em oposição ao modelo "hospitalocêntrico" (Weber, 2006, p.100) de atendimento médico. Ainda que este sistema descentrado se estenda por todo o país, não era preciso sair de São Martinho para vê-lo em operação. Entretanto, era esta própria premissa do atendimento público à saúde que, em seu cotidiano, para usar as palavras de Fernando, *desorganizava o sistema*. A distribuição da esfera do atendimento médico realizado em São Martinho possibilitava o estabelecimento de tratamentos conflitantes, o que implicava, nestes casos, sempre um novo recomeço, e tornava cada vez mais virtual a realização de um tratamento continuado sob controle de apenas um médico responsável. Aquilo que Fernando chamava de *ansiedade*, deste modo, encontrava na própria distribuição de espaços do sistema de saúde sua expressão mais favorável, e o uso continuado destes espaços colocava em tensão o próprio vínculo com os moradores pretendido pela Clínica São Martinho.

Deste modo, aquilo que caracterizo como resistência em relação ao tratamento pretendido por Fernando, assim como em relação ao controle pretendido pela Clínica São Martinho, se aproxima, sem dúvida, daquilo que Scott (2002, p. 24-25) caracterizou como resistência, como um ato que não assume necessariamente a forma de uma ação coletiva, que se atualiza no cotidiano através de fofocas, injúrias, rejeição de categorias impostas, questionamentos etc. Uma relação que toma em conta os "efeitos de poder enquanto tais" (Foucault, 1995, p. 234-235), que questiona os privilégios do saber e são, de certo modo, anárquicas, isto é, sem forma e organização definida. É simplesmente por fugir ao controle pretendido que podemos chamar as diversas situações percorridas durante a descrição de resistências. Resta ainda a segunda série de situações que redesenhavam todo o esforço de controle e manutenção dos pacientes pela Clínica São Martinho: as relações cotidianas entre os membros da equipe.

A equipe no cotidiano: queixas, acusações e fofocas

"Tem que pedir para a Flávia arrumar isto! É a função dela!" (Lúcia, 08/07/2011). Esta foi a resposta de Lúcia a Fernando, após sua queixa sobre a bagunça de sua mesa. Em 2011, no interior da equipe da Clínica São Martinho, esta havia sido a única relação conflituosa que eu observara em campo, entre Lúcia e Flávia. Entretanto, as queixas eram esporádicas, e sequer houve qualquer momento crítico que pudesse colocar em risco um dia de trabalho. Em 2012, no entanto, a situação mudou. Aquilo que era esperado com a construção da nova unidade da Clínica São Martinho, de fato caminhou em direção oposta: as tensões ganharam visibilidade, os conflitos passaram a se expressar cada vez mais, e mesmo uma polaridade chegou a se esboçar na rotina da Clínica: de um lado, Lúcia e Cida; de outro, Fernando e Júlio – que em suas visitas cotidianas à Clínica, já fazia parte de sua própria rotina. O resultado era que o atendimento se fracionava, e o conjunto esperado pela combinação das diversas etapas do processo não se realizava, o que gerava mais tensão entre a equipe, numa relação de retroalimentação que não cessou até o encerramento de meu segundo período de campo, em julho de 2012.

"É como uma irmã mais nova de Lúcia", disse Fernando (11/07/2011) a respeito de Flávia. As constantes reclamações de Lúcia a respeito de Flávia irritavam bastante Fernando que, contudo, as entendia como uma forma de ensinamento que Lúcia pretendia passar para Flávia, no que tocava ao funcionamento da Clínica. Isto se tornava constante, principalmente pelo fato de Flávia, Lúcia e Cida se reunirem, sempre que podiam, quando na antiga unidade da Clínica São Martinho, na sala de Flávia, local em que ficava o chimarrão, e no qual, em momentos de pouco movimento, se tornava o espaço de encontro da equipe – à exceção de Fernando. Foi lá que ouvi dizer pela primeira vez de Mariana, então enfermeira da USF Mirante, que em julho de 2012 já deixara o cargo. Mariana era conhecida pela equipe da Clínica São Martinho por suas *intrigas* e *fofocas*, o que continuamente gerava reclamações por parte de Lúcia e Cida. "Ficaram sabendo da *fofoca* da nova agente do centro? Como tu acha que eu sei? A Mari!" (Lúcia, 15/07/2011). As *fofocas* eram parte da rotina da Clínica, e muitas delas se caracterizavam como importantes vias de informação para a equipe, como em dezembro de 2012, quando uma funcionária da Prefeitura fez chegar até Cida a informação de que um outro funcionário, também da Prefeitura, que estava se consultando periodicamente com Fernando e conseguindo licenças médicas para não retornar ao trabalho, na verdade estava trabalhando no Frigorífico Mirante durante a noite, e utilizava as licenças para poder descansar durante o dia. Isto tirou Fernando do sério, pois era certo que o paciente havia agido de "má fé" (Fernando, 28/12/2012) para com ele. À noite, porém, Fernando acabou descobrindo que tudo não passara de uma confusão, pois apesar do mesmo sobrenome, o homem que trabalhava no Frigorífico durante a noite era pai daquele que trabalhava na Prefeitura, o que o irritou mais ainda, pelas "*fofocas* que correm igual pólvora em São Martinho" (idem).

As *fofocas* faziam com que a organização de trabalho da equipe da Clínica São Martinho fosse tensionada por informações as quais não podia se confiar totalmente, mas as quais carregavam seu estatuto de verdade. Quando uma fofoca circulava pelos corredores da Clínica, todos procuravam encará-la, de início, com certo desdém. No entanto, a informação não era descartada permanentemente, o que poderia determinar a distribuição relacional entre a equipe, o que afetava a todos, desde Mari, que nem mesmo fazia parte da Clínica São Martinho, até Fernando, que pouco saía de seu consultório. O trabalho em conjunto passava então a ser modulado também pelas *fofocas*. A tensão entre os membros da equipe decorrente disto se tornou maior em 2012, quando uma polaridade passou a se constituir entre Fernando e Lúcia, que agregava outros em sua volta, como Júlio e Cida.

Pude acompanhar a primeira expressão deste conflito no decorrer de uma reunião entre a equipe interna da Clínica São Martinho, que ocorria toda sexta-feira pela manhã. A principal pauta da reunião era o procedimento para se medir o peso dos pacientes, que Fernando insistia que deveria ser feito sem seus sapatos. Lúcia explicou para Fernando que ela mesma havia decidido pesar os pacientes com seus sapatos, pois, como era inverno, achava complicado pedir para crianças e pacientes idosos tirarem os sapatos em dias tão frios como os de São Martinho naquela época do ano. E ressaltou que sempre que tomava esta decisão, anotava na ficha médica do paciente que a medida havia sido tirada com os sapatos calçados. Fernando então propôs que fosse colocado um aviso na sala de acolhimento, para que os pacientes tirassem seus sapatos. Lúcia riu, e completou avisando que nenhum paciente leria o aviso. Fernando replicou, dizendo que o aviso valeria por seu valor "simbólico", e completou, perguntando à Lúcia: "você entende o que é isso?" (Fernando, 20/07/2012). Com mais um sorriso, Lúcia respondeu: "É claro que sim! Mas não adianta". Fernando continuou, dizendo que a solução poderia ser colocar um aviso visual, de um sapato circulado e cortado por um sinal de proibido, em frente à balança. Lúcia permaneceu dizendo que não havia sentido naquilo. Convencido, Fernando tentou encerrar o assunto: "Você é muito forte. Às vezes eu tenho medo de te falar as coisas. Mas acho que isso pode ser coisa minha". No que Lúcia respondeu: "Então você tem que se tratar".

Era sob este cotidiano de tensão que acompanhei a equipe da Clínica São Martinho em julho de 2012. As acusações que circulavam a respeito de Lúcia era de que ela agia de "má vontade" (Fernando, 17/07/2012), ou ainda de que tratava mal os pacientes da Clínica, quando longe de Fernando – acusação feita por sua mulher, Isabel (27/12/2012). Por outro lado, Lúcia acusava a atual gestão municipal de favorecer seus próximos, e de que era isto, mais do que qualquer outra coisa, que prejudicava os atendimentos realizados pela Clínica São Martinho (Lúcia, 21/07/2012). As *acusações*, as *intrigas* e as *fofocas* não eram, de forma alguma, um elemento alienígena à organização e rotina da equipe da Clínica São Martinho. Constituíam sua própria tessitura, lhe dava os contornos característicos, preenchia de singularidade a sua atuação cotidiana. E do mesmo modo como estas relações não podem ser pensadas como estranhas à equipe, também não podem ser pensadas como situações intrinsecamente negativas. A valoração era dada pelos próprios membros da equipe, como na situação em que se suspeitou de que um funcionário da Prefeitura estivesse utilizando as licenças dadas por Fernando para seu descanso – informação, até então, conseguida pelas vias da *fofoca*, mas de forma alguma negativa ao funcionamento da Clínica –, e, depois, na descoberta de que se tratava de duas pessoas distintas – quando a informação ganhou todo o caráter negativo para a organização dos atendimentos. Todas estas relações, deste modo, enquanto vias de informação, eram integradas ao próprio funcionamento da equipe, ora enquanto vias propulsoras, ora enquanto resistências a seu funcionamento esperado, enquanto um conjunto harmônico.

Condutas e tramas de sociabilidade: singularidades da população atendida

O cotidiano comum partilhado por agentes comunitárias de saúde e moradores por elas atendidos era composto por um conjunto de singularidades próprias a São Martinho. Uma delas eram suas tramas de sociabilidade. Marques (2002, p. 127) utiliza este termo para descrever agrupamentos que tinham por base as linhas de parentesco, mas que se compunham, em seu cotidiano, com outros modos de sociabilidade, como moradia e solidariedade. As tramas de sociabilidade que envolviam agentes e moradores de São Martinho permitiam que se circulasse, também, apreciações que se faziam sobre cada morador da cidade, sobre cada família, assim como sobre o estado de saúde de cada homem e mulher. Na maior parte dos casos, entretanto, aquilo que se considerava um corpo saudável e disposto mantinha pouca relação com os diagnósticos e tratamentos pretendidos pela Clínica São Martinho. Tinham por base não aquilo que se buscava através da anamnese, mas aquilo que se era possível ver, e de um modo privilegiado: um corpo disposto ao trabalho, fosse homem ou mulher. Esta singularidade guiava o modo como cada morador buscava se conduzir no cotidiano, tendo no trabalho a atividade pela qual se era possível atingir alguns objetivos partilhados pelos demais moradores.

O agenciamento Clínica São Martinho-população atendida, que buscava se realizar através da construção do vínculo e da formação de uma população de pacientes, encontrava naquilo que poderia ser considerado como sua base orgânica de ação as linhas de resistência à sua constituição: em primeiro lugar, o próprio sistema descentralizado de atendimento médico; em segundo lugar, o cotidiano da equipe responsável pela realização deste agenciamento; e, por fim, a população que se presume totalmente interessada neste vínculo. O interesse de fato existia, o que era visível na rotina de atendimentos da Clínica São Martinho, sempre com muitos pacientes à espera de uma consulta. O modo de utilização deste serviço, entretanto, é aquilo que Fernando considerava "desorganizar o sistema", e aquilo que ele classificava de "ansiedade" guardava inúmeras relações com as prescrições de conduta e com tramas de sociabilidade singulares aos moradores atendidos pela Clínica.

No próximo capítulo, a descrição partirá pela fragmentação da "população atendida" por algumas tramas de sociabilidade e prescrições de conduta que ofereciam sua própria classificação dos moradores de São Martinho, assim como acessará modos de subjetivação que desafiavam a subjetivação população/paciente-corpo/família. O público alvo possuía realidades próprias, que agenciavam a Clínica São Martinho à sua própria organização cotidiana.

CAPÍTULO 2

Trabalho e Família: sobre o cotidiano dos *alemães*

Distante da classificação de "população atendida", os martinenses integravam um conjunto de prescrições de conduta e de sociabilidades que organizavam seu cotidiano. Entre as prescrições de conduta, não deixar de *trabalhar* era a principal. Quando operada categoricamente, o *trabalho* permitia avaliação moral e a classificação de moradores, a partir de uma série de atributos que lhe eram associados, como a disposição física – e seu próprio índice de saúde/doença – e a discrição pessoal. Entre as sociabilidades atuantes no cotidiano de São Martinho, boa parte delas mantinha relação com o *trabalho* enquanto categoria de classificação. A principal delas era a *família*, que operava enquanto um signo variável, classificando e operando realidades distintas em cada caso observado, levando em conta, principalmente, *parentesco*, *trabalho* e *moradia*. Assim como as prescrições de conduta, as sociabilidades podiam ser categorizadas de modo a operar classificações e distinções: o *alemão* e a *alemoa* eram as principais heterogeneidades resultantes deste esforço de distinção. Por fim, a *religião* participava tanto do modo como martinenses buscavam se conduzir como das sociabilidades em que eles se inseriam, assim como era capaz de distinguir aqueles que eram *alemães* e aqueles que eram *de fora*. Neste capítulo, farei a descrição do cotidiano dos martinenses, buscando analisar a mudança de realidade que ocorre quando se passa de uma classificação médica de *população atendida* para uma classificação concorrente, que levava em conta a ética e a *moral* dos moradores de São Martinho.

Aqueles que eram pacientes passam, então, a constituir e a construir para si uma história, que atua tão ou mais diretamente na subjetivação de cada martinense que o processo de subjetivação em curso na Clínica São Martinho. A singularidade da implementação de uma política pública que se constitui a partir da delimitação um *público-alvo*, como a ESF, reside justamente na composição diversa de cada público-alvo. Apesar do esforço em se formar, então, uma população de pacientes usuários da Unidade de Saúde da Família, o modo como cada morador busca se conduzir em seu cotidiano, assim como as sociabilidades nos quais cada morador se insere, afeta diretamente o modo como se dará este processo, às vezes como resistências, às vezes em parceria. No caso de São Martinho, ambos os sentidos se cruzam, mas não deixam de apontar para uma composição que não se assemelha àquela esperada de uma *população atendida*. A descrição e análise do cotidiano destes moradores busca justamente apontar os aspectos concorrentes a esta classificação médica, que influem diretamente no modo como os martinenses fazem uso da Clínica São Martinho.

Os *alemães* e o trabalho

O *alemão* ou a *alemoa*[1] eram, certamente, subjetividades[2] em variação. Levavam em conta, no modo como eram atualizadas em

---

1 A divisão conceitual que é feita entre uma *alemoa* e uma *de fora* participa, em muitos aspectos, até onde pude observar, em seu uso cotidiano, da divisão feita entre um *alemão* e um *de fora*. Em algumas ocasiões, pude ouvir esta categoria como maneira de se apresentar ou de se definir frente a outra pessoa. Dona Joanna, por exemplo, em minha última visita a Rubens, para explicar sua dificuldade em andar, disse: "Eu sou uma velha *alemoa*" (13/01/2013). Em outra ocasião, Amanda, secretária da Clínica São Martinho, comentando sobre o fato de se queimar muito ao sol: "Sabe como é, né! *Alemoa* desse jeito, no sol..." (16/01/2013). Assim como *alemão*, *alemoa* parecia assumir a função de resumir e sintetizar tudo aquilo que implicava a subjetividade.

2 Aqui, subjetividade não pretende indicar qualquer oposição com aquilo que não é subjetivo, isto é, com o objetivo. Aliás, esta divisão estará ausente do trabalho. Com subjetividade, procuro indicar aquilo que é pró-

falas e conversas informais, relações sociais, atividades e comportamentos distintos, avaliados de acordo com algumas expectativas e prescrições, dentre as quais a mais comum e repetida era: não deixar de trabalhar. O *trabalho* carregava em si a prática fundamental de constituição ética de cada *alemão* ou *alemoa*, isto é, seu modo privilegiado de subjetivação,[3] assim como permitia a realização e a circulação de uma moral que se fundamentava no ato de trabalhar. O *trabalho* permitia, deste modo, uma ética e uma moral que não eram dissociadas: os julgamentos que se faziam de quem deixava ou não de trabalhar; o autocontrole que o trabalho imprimia; as sociabilidades[4] que não deixavam de ter o trabalho como referência; tudo isto

prio ao sujeito, enquanto uma construção e produção constantes de seus limites, de suas fronteiras, daquilo que pode lhe ser considerado interior e exterior, pelo deslocamento contínuo nas relações que o desenham e localizam. Neste trabalho, indico dois modos principais de ocorrência: na cena do consultório, explorada no Capítulo 1, pelo processo de subjetivação próprio à prática da clínica médica; e, no cotidiano da cidade de São Martinho, e este é o caminho da análise que farei neste capítulo, pelas tramas de sociabilidade em que os martinenses estão inseridos, assim como pela atividade do trabalho e as avaliações morais que lhe tomam por base. Retiro esta opção de análise, principalmente, de quatro textos: Foucault (1995, p. 231-239; 1988; p. 26-31); Deleuze e Guattari (2007b, p. 61-107) e; Deleuze (2008, p. 101-130).

3   Diferentemente do Capítulo 1, "subjetivação", aqui, implica essencialmente o modo como alguns preceitos morais são problematizados na conduta de cada indivíduo e, do mesmo modo, como cada indivíduo é chamado a se conduzir segundo alguns preceitos morais. Trata-se, então, de todo um trabalho ético de constituição de um "sujeito moral", que não implica necessariamente o controle ou o governo destes sujeitos por parte de algum dispositivo de poder, mas implica uma "subjetivação", pois pressupõe um trabalho para a constituição deste sujeito, realizado, na maioria das vezes, de si para si mesmo – uma ascese. (Foucault, 1988, p. 28-29).

4   Aqui utilizo o termo do modo como foi proposto por Simmel (2006, p. 63-65). Isto é, como sociabilidade, indico uma trama formada e disposta pela mútua determinação e interação daqueles que a compõem, sem qualquer finalidade de princípio que implique a participação. En-

permitia a preponderância de uma atividade ética por excelência, assim como a circulação de uma moral que lhe era imanente, que tinha no *trabalho* seu índice de avaliação.

Uma série de atividades e sociabilidades eram correlatas ao trabalho na referência que usualmente se fazia na definição do que era um *alemão* ou uma *alemoa*. Boa parte delas, entretanto, mantinha o trabalho como seu princípio organizador ou referência elementar. Assim, diziam: "Todo alemão bebe!". Como também: "Há dias para bebida e há dias para o trabalho". Deste modo, como um preceito básico, o trabalho permitia, de um lado, uma série de condutas distintas, que constituíam também expectativas, como o próprio ato de beber, para os *homens alemães*. De outro lado, algumas tramas de sociabilidade (Marques, 2002, p. 127) tomavam o trabalho como princípio de organização, como a *casa* e a *família*. A *família*, por exemplo, era o resultado do amadurecimento pessoal em que um *homem* deixava de ser *guri*, assim como, após a constituição da *casa*, a família passava a ser o lócus do trabalho em comum, que distinguia aquela unidade dos *parentes*, "espalhados por toda a região".

Enquanto uma atividade que envolvia a própria constituição de si, o *trabalho* era alvo de cuidado e de apreço, e era pelas apreciações que se fazia sobre quem trabalhava ou deixava de trabalhar que esta atividade ganhava uma dimensão pública, pela qual era possível localizar-se e hierarquizar *homens* e *mulheres* no interior de uma classificação moral. Isto implicava que mostrar-se adequado ao trabalho era tão importante que o ato de realizá-lo, e isto se dava de muitas maneiras: um *homem alemão* que não tivesse problemas em cumprir suas obrigações, não teria problemas em beber com os amigos, e era esperado que fosse, sempre tendo em mente o comedimento e a resistência que o uso da bebida implicava. Do mesmo modo, uma *mulher* não faria o uso diário da bebida como os *homens*, mas não pouparia esforços para manter sua *casa* e *família* assim como

---

tretanto, valho-me, também, dos usos que Marques (2002) e Comerford (2003) deram ao termo, indicando, principalmente, aquelas relações que conformam *grupos* e *famílias*, que não podem ser esgotadas pelas linhas de parentesco. Especialmente em relação a Marques (2002, p. 127), retiro a expressão *tramas de sociabilidade*, que creio melhor exprimir aquilo que procuro com o termo.

seu *marido*, realizando o trabalho doméstico e alguma atividade fora de casa, como a *roça* ou o trabalho nas indústrias calçadistas de São Martinho, as *fábricas*. Na negativa, quem não trabalhava estava *encostado no INSS* ou era, simplesmente, *preguiçoso*.

No Centro de São Martinho, era possível situar a conduta, assim como diferenciar aqueles que trabalham dos *folgados*, sem grandes dificuldades: o sino da Igreja Matriz badalava sempre às 06h, às 12h e às 18h, marcando o tempo de trabalho e o tempo de descanso para seus fiéis, "80, 85% da população de São Martinho" (Padre Gustavo, pároco da Igreja Matriz, 11/01/2013). Se a ética e a moral do trabalho dependiam de uma conduta pessoal e das apreciações que se faziam sobre essa mesma conduta, sua temporalidade era marcada pela Igreja, algo que as *fábricas* compartilhavam: os apitos das indústrias calçadistas soavam sempre às 7h e às 11h30min, marcando a jornada matinal e, às 13h e às 17h, marcando a jornada vespertina de trabalho. Não havia períodos noturnos de trabalho.

Uma moral imanente à conduta que procurava lhe dar realidade; uma ética que tinha por objetivo uma conduta que se julgava moralmente superior; e uma divisão temporal que devia às badaladas da Igreja Matriz sua organização. A conduta, deste modo, não se desvencilhava da classificação que procurava lhe situar. O *trabalho*, de modo geral, assumia dois níveis de realidade: em primeiro lugar, era um modo de conduzir-se, era o principal modo de subjetivação de uma moral que lhe era imanente; em segundo lugar, o *trabalho* era uma categoria classificatória, que distinguia e hierarquizava de acordo com a operacionalização dos preceitos morais, e que não produzia sujeitos, mas heterogeneidades classificatórias, que buscavam se distinguir de acordo com o que estava em jogo, e que não era isenta de um julgamento moral. As condutas e sociabilidade correlatas ao *trabalho* poderiam assumir também esta dimensão classificatória, como a *família* e a *religião*. O *trabalho* agia, por fim, como índice privilegiado de saúde e doença entre os martinenses.

Clubes, jogo e bebida: sociabilidade e subjetividade do *homem alemão*

– Aqui em São Martinho os homens bebem bastante.

Nos fins de semana eles param de tomar remédio pra ir beber!

– Eu já fiz muito isto... Mas hoje não faço mais, por causa da idade. (Conversa entre Sônia, agente comunitária de saúde, e seu Armando Bauer, morador da Vila Alta, 19/07/2012).

O Salão Paroquial da Igreja Matriz e o Clube da Sociedade Beneficente de São Martinho formam os dois *clubes* do Centro da cidade. Os *clubes* são o espaço privilegiado para a realização de eventos oficiais – a III Conferência Municipal da Saúde e a transição na Secretaria de Saúde foram realizadas no Salão Paroquial, assim como a posse do governo reeleito e dos novos vereadores, para a gestão 2013-2016, foi realizada no Clube – eventos comemorativos – o almoço do dia do colono, o natal, realizados no Salão Paroquial – eventos esportivos – o Campeonato de Futsal da 1ª Divisão, para homens de São Martinho com mais 16 anos, o Campeonato de Futsal da Rota Romântica, realizado entre as cidades que formam a região da Encosta da Serra e da Serra Gaúcha – assim como para encontros eventuais, principalmente através do aluguel de suas quadras para jogos de futsal entre amigos, geralmente durante a noite. O Salão Paroquial, assim como o Clube da Sociedade Beneficente, permaneciam abertos durante a tarde, no qual homens jogavam cartas, conversavam e bebiam cerveja, o que poderia se repetir durante a noite, com jogos marcados, principalmente pôquer e trinca.

Em seu cotidiano, os *clubes* eram uma boa opção para a sociabilidade, pois ali estavam os *alemães*, os *homens alemães*. Isto implica que o uso diário dos *clubes* permitia uma subjetivação singular, a do *homem alemão*. Além de um marcador de gênero, o que estava implicado nesta construção era a posição moral, avaliada pela discrição, disposição física e autocontrole relacionados ao uso da bebida. Do mesmo modo, a realização pública desta conduta permitia o julgamento daqueles que eram considerados próximos. Neste processo, dois conjuntos de situações eram distinguíveis: de um lado, o uso cotidiano dos *clubes* permitia que sociabilidades exteriores a seus espaços fossem atualizadas no ato de beber e de jogar em comum, assim como permitia que os *homens alemães* passassem a se constituir pelo mesmo processo; por outro lado, havia os eventos comemorativos e oficiais que alteravam o uso cotidiano dos clubes, nos quais *famílias* e as *alemoas* eram esperadas a compartilhar o espaço com os *homens*, e era nestas ocasiões que era possível uma realização pública do *homem alemão*, às vistas da *comunidade*, para seu julgamento e classificação. A oportunidade de me aproximar deste cotidiano se deu, principalmente, após conhecer Gustavo, martinense, morador da Vila das Araucárias.

Gustavo era namorado de Camila, que trabalhava na casa de Isabel, esposa de Fernando. Trabalhava em uma fábrica de salsichões, fora de São Martinho, e pretendia realizar um curso superior na Ulbra – Universidade Luterana do Brasil –, mas ainda estava incerto a respeito disto. Sua namorada, Camila, além de trabalhar para Isabel durante o dia, já cursava uma faculdade durante a noite, o que o estimulava a também cursar. A relação de Gustavo com Isabel e Fernando não passava somente por Camila: sua irmã, Miriam, era professora da Creche Municipal da Vila das Araucárias, na qual o filho de Isabel e Fernando estudava. Além disso, era noiva de um de seus melhores amigos, que também frequentava os *clubes*, assim como Gustavo. Na época em que o conheci, ele e seus amigos treinavam para o Campeonato de Futsal da 1ª Divisão, que se iniciaria em breve, e contava com 20 times de São Martinho.

O jogo de cartas nos *clubes* geralmente se dava nas mesas distribuídas no espaço exterior à quadra. O jogo preferido era o pôquer, apesar de alguns homens preferirem a trinca. O movimento do jogo de cartas crescia em dias de pagamento ou recebimento de aposentadorias. "Tem uns senhores, mais de idade, que tiram a aposentadoria e deixam tudo na mesa! Tá louco!" (Gustavo, 27/12/2012). O espaço era usado por homens, e em um dia que acompanhava Gustavo e seus amigos no treino para o Campeonato, ao contrário dos demais frequentadores, todos compartilhavam um refrigerante, o que me chamou a atenção, por não estarem bebendo cerveja. Gustavo, então, explicou que todos ali trabalhariam no dia seguinte, e que todos esperavam até o fim de semana para beber. Em outras mesas, entretanto, homens jogavam e bebiam cerveja, enquanto outros, no bar, apenas bebiam. O comedimento e a resistência aos efeitos da bebida pareciam, então, práticas em comum entre os frequentadores dos *clubes*, ainda que marcassem uma divisão posicional clara: estes *guris*, recém-formados do ensino médio ou que ainda o cursavam, optavam pela conduta do comedimento, enquanto os *homens*, possivelmente casados e visivelmente mais velhos, esbanjavam seu autocontrole aos demais, pela via da resistência aos efeitos da bebida, o que ganhava maior destaque numa noite de quinta-feira, que precedia mais um dia de trabalho, que começaria ainda antes das 06h.

Um *alemão* não tem uma relação problemática com a bebida, e não há nada mais *alemão*, para um homem, do que tomar uma cerveja com os amigos nos finais de semana, ou enquanto se joga cartas no Clube da Sociedade Beneficente ou no Salão Paroquial. Entre as atividades esperadas de um *homem alemão*, beber está entre as principais. O comedimento ou a resistência aos efeitos da bebida, entretanto, era o que regulava seu uso, principalmente na relação com as atribuições que se espera de um *homem*, como jamais deixar de trabalhar, quando preciso. O *trabalho* atuava como aquele índice do autocontrole, que deveria ser uma conduta pessoal, mas também pública, na capacidade de manter uma posição alcançada, de *homem* (Bourdieu, 2006a, p. 250-253). A relação que os martinenses mantinham com a bebida não era, desse modo, uma relação alternativa – "ou trabalha, ou bebe" –, ou de exclusão – "quem bebe, não trabalha". "Alemão bebe! E não passa mal!" (Rubens, 13/01/2013). Rubens, morador da Vila Jung que me recebeu algumas vezes em sua casa, repetia esta sentença, sempre que o assunto era aquilo que ele julgava poder ser ou não prejudicial à sua saúde.

> Certos estão os alemães da Alemanha. Lá eles têm cinco dias para trabalhar, e eles trabalham os cinco dias, o dia todo. Agora, se os outros dois dias são pra fazer festa, aí eles também sabem fazer festa. Mas nós, aqui, também somos assim. Os *alemães* [de São Martinho] não têm preguiça. E nem pode ter. Ou é trabalhar, ou morrer de fome (Rubens, 13/01/2013).

O uso dos *clubes* era diário. Durante as tardes, alguns homens já se acomodavam em suas mesas, especialmente durante os finais de semana. O *trabalho* agia não apenas no comedimento ou resistência relacionados ao uso da bebida, mas também na divisão temporal que deveria ser guardada para este uso, que remetia à divisão entre tempo de trabalho e tempo de descanso que as badaladas da Igreja Matriz buscavam marcar. Observei esta situação numa tarde de sábado, no Salão Paroquial. Além de alguns homens que estavam no bar, havia três mesas com jogos de cartas acontecendo, a certa distância do bar, entre homens, que conversavam entre si. Alguns olhares de estranhamento eram dirigidos a mim, a exceção do ecônomo do Salão, responsável pelo gerenciamento de todas as atividades do estabelecimento, marido de Letícia, o qual já conhecera há algum tempo. O Salão, assim como o Clube da Sociedade Beneficente, eram espaços abertos, sem qualquer restrição formal para seu uso. Mas era justamente seu uso que estabelecia um registro singular de sociabilidade, feitos não apenas para homens, mas para *homens alemães*. Aqueles que não poderiam ser chamados de *alemães* e, dentre estes, aqueles que ainda não poderiam ser chamados de *homens* – como os *guris* ou as *alemoas* –, estavam, na maioria dos casos, para fora deste registro. Os clubes formavam, então, um espaço de sociabilidade que, em seu uso diário, permitiam esta subjetivação singular: a do *homem alemão*, com seu comedimento e resistência à bebida, que conformava, assim como o jogo de cartas, sua prática de interação comum.[5]

---

[5] Este uso cotidiano dos clubes lembrou-me do uso que os homens de Woodlawn, Chicago, faziam do *gym*, descrito por Wacquant (2002, p. 31-77). Particularmente em um trecho de seu livro (p. 44), Wacquant propõe analisar a relações entre os pugilistas como uma "sociabilidade protegida", na qual aquilo que participava da organização social do bairro era deixado de fora do salão. Whyte (2005, p. 75-117) parece, também, indicar que o "Clube da Comunidade Italiana" de *Eastern City* acionaria como uma "sociabilidade protegida", que possibilitava a ascensão social de seus membros. Em São Martinho, ao contrário, eram justamente as tramas de sociabilidade atuantes do lado de fora dos *clubes* que guiavam boa parte de sua lógica de sociabilidade. Ainda assim, como descrito, estes espaços possibilitavam a atualização das relações em que

Como dito por Rubens, não há qualquer tipo de oposição entre beber e assumir as demais obrigações – como a *família*, o *trabalho* e a *religi*ão. Pelo contrário, espera-se mesmo que os *homens* façam uso dos clubes para o consumo comum da bebida, como bem indicou dona Joanna, mãe de Rubens, que em minha última visita estava preocupada a respeito de seu filho sair pouco de casa e pouco encontrar seus amigos. Beber com amigos e fazer-se presente nos *clubes* participava daquelas atividades próprias a um *alemão*, e, como já apontaram Blok (1981, p. 431-432) e Bourdieu (2006a, p. 250-287), modulava as próprias apreciações que sobre ele pudessem ser feitas. Contudo, a despeito daquilo que os autores observaram em seus próprios campos de pesquisa – Bourdieu, entre os Cabila e Blok, na região da Sicília –, o uso dos *clubes* liga-se, principalmente, a uma distribuição diferencial daqueles espaços comuns, através dos quais amigos e conhecidos poderiam se encontrar longe de seu espaço de vizinhança e moradia. Como se dá em relação ao *trabalho*, de forma alguma o espaço doméstico é aquilo que sobra à mulher – como apontava Blok (1981); Bourdieu (2006a); Peristiany (1966), Campbell (1964) e Pitt-Rivers (1984), ou mesmo, no Brasil, os estudos sobre a família patriarcal, ou aqueles sobre a emergência da família urbana, na oposição entre "casa" e "rua", com a "cozinha" como termo médio, como Freyre (2000) e Souza (1951).[6] As mulheres de São Martinho, especialmente as *alemoas*, participavam do uso de outros espaços comuns, como o espaço do trabalho nas indústrias calçadistas e o espaço das *roças*, assim como dos próprios *clubes*, em dias de eventos especiais.

Neste sentido, a sociabilidade posta em prática por homens nos *clubes*, assim como a conduta que regia o uso da bebida, ativava

---

os martinenses estavam envolvidos e, por isso mesmo, atualizava a subjetividade que se moldava a partir deste emaranhado.

6 Corrêa (1981) faz uma crítica àqueles estudos que tomaram a organização da família patriarcal como a própria estruturação das relações sociais no Brasil, assim como àqueles que estabelecem a passagem deste tipo de organização à "moderna família conjugal", como se qualquer outro modelo de formação familiar estivesse subordinado a esta lógica maior, que daria o tom da própria relação entre esfera pública e esfera privada no Brasil.

uma subjetivação que, quando categorizada, expressava-se como a do *alemão*, no gênero masculino, que depende em grande medida do consumo em comum da bebida. Em conjunto com esta tradução classificatória de se dizer *alemão*, uma oposição se atualizava e agia como propulsora no mesmo processo, e tinha como categoria preferencial os *xwarts*,[7] categoria em *hunsrik*, que pode ser traduzida por dois termos sinônimos: *"negão"* e *"de fora"*. Em primeiro lugar, a oposição não expressava apenas uma dimensão geográfica: o que estava em jogo era, principalmente, uma posição exterior às sociabilidades e às condutas que poderiam informar o que era ser *alemão*, que era partilhado por outras cidades da região, como Germana, onde também poderia ser encontrado o *hunsrik*. Em segundo lugar, a dimensão racial impressa na categoria era sempre relacional, apesar de sua tradução. A racialização (Bhabha, 2001, p. 111) operada para com aqueles *de fora* era sempre uma operação singular, um marcador de diferença que transformava a todos que se supunham não *alemães* em *negão*, e um *de fora* provavelmente seria chamado de *negão*, o que não levava em conta apenas a cor da pele ou qualquer outro traço fenotípico. No processo classificatório, era a própria força da categoria que preenchia de realidade os *xwarts*, assim como, na oposição, os *alemães*.

O uso dos *clubes* estabelecia, entretanto, uma série de diferenciações no interior daquela heterogeneidade que poderia ser chamada de *alemães*, e o próprio uso destes espaços era em si diferenciado, em dois conjuntos de situações. No primeiro conjunto, nas situações de uso cotidiano até agora descritas, os *clubes* permitiam que *homens alemães* atualizassem sociabilidades no ato de beber e de jogar em comum, que não era dissociado do comedimento e resistência que regulava estas condutas, assim como da divisão temporal que as estabelecia, geralmente aos finais de semana ou após o trabalho. No segundo conjunto, em eventos comemorativos ou oficiais que se realizavam nos *clubes*, era mesmo esperado que os *guris* fossem acompanhados de suas namoradas ou noivas, e que os *homens* fossem acompanhados de suas esposas ou de toda a família. Ambos os conjuntos se comunicavam, apesar de agruparem séries distin-

---

7   A grafia foi retirada do *Mayn Ëyerste 100 Hunsrik Wërter*, o microdicionário de hunsrik, apresentado na Introdução (p. 19).

tas de relações: no primeiro caso, um espaço de sociabilidade em que *homens* se colocavam sob julgamento mútuo, na capacidade de organizar um dia que lhe permitisse o *trabalho* e a bebida, isto é, o uso comum da bebida, como se espera de todo *alemão*; no segundo caso, os *clubes* não eram apenas um espaço de sociabilidade para *homens*, mas uma ocasião de realização pública de todas as dimensões que deveriam também integrar a conduta destes sujeitos, como a *família* e a *comunidade*, mesmo no caso dos *guris*, ainda que em um futuro previsto.

A mais recente dessas ocasiões foi justamente o início do Campeonato de Futsal da 1ª Divisão, em janeiro de 2013. O início do campeonato é um evento aguardado pelos martinenses, especialmente, é claro, para aqueles que jogam, pois é "outro nível, muito mais pegado!" (Camila, 11/01/2013). Muitas noivas ou namoradas de jogadores, como Camila, namorada de Gustavo, acompanhavam os jogos, e sentavam-se nas mesas dispostas entre o bar e a cozinha do Clube da Sociedade Beneficente. À exceção daqueles que iriam jogar, todos tomavam cerveja e comiam batatas fritas. De certo, grupos se formavam: os times que se preparavam para jogar; os amigos mais próximos; as namoradas e noivas de jogadores; e as mulheres solteiras que, segundo Camila, estavam ali para paquerar e, por isso mesmo, era "sempre bom acompanhar o primeiro jogo" (Camila, 11/01/2013). Ainda assim, homens e mulheres interagiam entre si, especialmente os mais velhos, compartilhando a mesa de que dispunham.

Outra ocasião em que os *clubes* deixavam de ser um espaço utilizado apenas por homens, eram os eventos comemorativos, como o Dia do Colono, comemorado por todas as cidades da região, em diferentes datas. Em São Martinho, a festa acontecia no final de julho, e levava boa parte de seus moradores ao evento, que era organizado por voluntários ligados à *diretoria*[8] da Igreja Matriz, que vendiam cupons antecipados, válidos para a troca de um almoço co-

---

[8] Como me disse Isabel, as *diretorias* são grupos formados por moradores e funcionários de alguma instituição, como a Creche da Vila das Araucárias, no caso daquela que Isabel participa. A *diretoria* visa debater problemas, propor medidas e promover eventos para a manutenção e melhoria da própria instituição, e de seus serviços.

lonial. Em 2012, a festa foi realizada no Salão Paroquial. No decorrer da festa, com os tíquetes para o almoço se esgotando, as mesas das quadras foram sendo gradualmente retiradas, e o espaço disponível para que homens e mulheres dançassem foi se tornando maior, até tomar toda a quadra do Salão. Na festa, encontrei a irmã de Gustavo e seu noivo, assim como Letícia, seu marido e seu filho.

Os eventos comemorativos, apesar de alterarem o registro que informava o uso cotidiano dos *clubes*, eram acontecimentos passageiros, que pressupunham o restabelecimento do uso regular destes espaços, como apontado por Bourdieu (2006b, p. 84) em sua etnografia sobre os bailes da região do *Béarn*, na França, nos quais, em dias especiais, como o "grande festival da cidade", o uso dos salões em que ocorriam os bailes era completamente alterado, e aqueles que não o frequentavam, neste dia em particular, faziam uso do espaço, sob a premissa de não retornarem quando findo o evento. Isto não implica, para frisar, que aquela divisão sociológica entre casa e rua, ou entre espaço privado e espaço público, que buscava dividir o espaço social entre aquele reservado às mulheres e aquele reservado aos homens, abarque a distribuição social que acompanhei em São Martinho. Tanto Wikan (1984; 1991), como Abu-Lugohd (1988), questionam esta divisão, assim como a atribuição da esfera da *honra* para o "mundo masculino" e da *vergonha* para o "mundo feminino",[9] análise presente

---

9   Esta divisão, como se sabe, estruturou as análises da linha que ficou conhecida como "antropologia do mediterrâneo" (Marques, 1999, 131-147), a qual tinha, como novidade, um esforço etnográfico realizado nas margens das regiões banhadas pelo mar mediterrâneo, as quais partilhariam um sistema de signos e de organização social distinto daqueles encontrados na região central do continente europeu. O esforço de maior fôlego em sistematizar a validade da divisão entre *honra* e *vergonha* para indicar a organização dos espaços, assim como os sistemas simbólicos, masculino e feminino, respectivamente, pode ser encontrada em Peristiany (1966) e Blok (1981). Pierre Bourdieu, que foi um dos primeiros pesquisadores a escrever sobre a importância do sentimento de honra para a construção pública do homem, mas também para a agregação de um grupo que se reconhecia por *família* na sociedade Cabila (2006a), acabou, em *A Dominação Masculina* (2002), numa tentativa pouco fortuita de generalizar o sistema classificatório proposto por

nos trabalhos de, por exemplo, Blok (1981) e Bourdieu (2006a), citados acima.[10]

Os *clubes*, deste modo, não eram espaços masculinos. Eram espaços que, em seu uso cotidiano, participam de um modo específico de subjetivação, que era o *homem alemão*. E eram utilizados, em uma de suas funções, que era o ato de beber entre amigos, como um dos modos classificação e categorização de si: "*alemão* bebe!". Os eventos comemorativos, em outra direção, permitiam a realização pública desta heterogeneidade, que se relacionava a todo um julgamento e uma classificação moral implicados na boa conduta do uso da bebida, como manter o *trabalho* e a *família*.

Um *alemão* e uma *alemoa* podiam, entretanto, participar em conjunto de outro tipo de atividade, que era o próprio *trabalho*. A po-

---

Anton Blok (1981) – que, por sua vez, partia de sua etnografia pioneira para construir seu argumento –, por propor que, na Europa, havia se constituído um "inconsciente androcêntrico", responsável pela divisão do mundo em categorias masculinas (público, em cima, seco, ativo) e femininas (privado, em baixo, úmido, passivo). O problema é que Bourdieu acabou por desconsiderar justamente os trabalhos, acima citados, que passaram a questionar o par honra/vergonha como categorias responsáveis pela divisão social entre homens e mulheres, principalmente os trabalhos de Wikan (1984; 1991) e Abu-Lugohd (1988). Entretanto, a "antropologia do mediterrâneo" possibilitou uma nova abordagem sobre *família*, que saía da oposição entre "família patriarcal extensa" e "família conjugal nuclear".

10 Wikan (1991, p. 69-71; 93-94), particularmente, procura mostrar como o uso da burca entre as mulheres de Sohar, Omã, assume justamente a função de tornar pública a figura da mulher e que, antes de ser um marcador da vergonha feminina, é um símbolo de honra, status e maturidade, encarado pelas próprias mulheres como uma relação de simbiose com seu próprio corpo. A mesma autora, como era de se esperar, não é desatenta ao uso diferencial dos espaços por homens e mulheres. Enquanto para aqueles o mercado e o trabalho, por exemplo, assumem a dimensão pública de suas vidas, para as mulheres é principalmente a vizinhança que traça esta mesma dimensão, especialmente entre aquelas vizinhas que residem há três ou quatro casas de distância (Wikan, 1991, p. 117-137).

sição fundamental que o *trabalho* assumia no ato de julgar e de classificar um *alemão* e um *de fora*, fazia com que espaços fossem compartilhados por *homens* e *mulheres* de São Martinho, e, mais importante, era esperado que fosse, pois a *casa* jamais implicava a totalidade da vida de uma *alemoa*, e era mesmo estranhado caso implicasse.

AS *FÁBRICAS*, A *ROÇA*, E O *TRABALHO*: A ÉTICA E A MORAL ENTRE OS *ALEMÃES*

> Trabalhei muitos anos na *fábrica*. Era um serviço muito *judiado*, mas que pagava bem. Quando eles tiraram as cadeiras, das costureiras, demorei muito para me acostumar, principalmente com as bolhas que serviam de pedal para as máquinas. Demorou alguns dias para parar de doer a perna. Quando pude sair, foi bom. Mas era um bom trabalho, de dinheiro (Sônia, 26/07/2012).

A atividade realizada nas *fábricas* e nas *roças* era aquela que mais comumente os martinenses denominavam como *trabalho*, isto é, como uma atividade que implica algum retorno financeiro, essencial para que se mantenha uma *casa* e uma *família*. O *trabalho*, entretanto, indicava mais do que uma simples atividade econômica para *alemães* e *alemoas*. O *trabalho* era aquela atividade que problematizava a própria existência de um *alemão* ou *alemoa*. Era aquela atividade que permitia modular a busca de objetivos básicos, como o amadurecimento pessoal, a construção de sua própria *casa*, a constituição de sua própria *família*. Uma ética que implicava o sofrimento na constituição de si como um *alemão* ou uma *alemoa*, pois, como descrito, o trabalho *judiava* aqueles que a ele se dedicavam. E, diferentemente do ato de beber com amigos, uma conduta que lhe era associada, mas que traçava um tempo e um espaço dedicado apenas às sociabilidades dos *homens alemães*, o *trabalho* era constituinte dos *alemães* em geral, *homens* e *mulheres*, que, juntos, amadureciam em seu sofrimento. As *fábricas* e as *roças* eram os principais espaços de realização desta atividade.

As indústrias calçadistas empregavam boa parte da população martinense,[11] entre *homens* e *mulheres*, e era nas *fábricas* que muitos martinenses iniciavam sua vida profissional, ao atingirem seus 16, 17 anos de idade. Foi o caso de Sônia, que saiu da *fábrica* apenas quando foi contratada para ser agente comunitária de saúde. O mesmo se deu com Gustavo e Camila: o primeiro, como dito, deixou a indústria calçadista para trabalhar numa fábrica de salsichões de fora da cidade e Camila trabalha, atualmente, para Isabel. O mesmo se deu com João, vizinho de Camila na Vila das Araucárias, que em 2011 era coroinha da Igreja Matriz, mas trabalhava, em meu último período de trabalho de campo, numa *fábrica* do Centro. No Centro, duas grandes indústrias atuavam diariamente, exceto em fins de semana, em jornadas de trabalho que iam das 7h às 11h30min, no período matutino, e das 13h às 17h, no período vespertino. Como indicado, não era difícil acompanhar o início e final de cada turno, pois os apitos das *fábricas* podiam ser ouvidos de qualquer ponto do Centro de São Martinho, que contrastavam com os sinos da Igreja Matriz, os dois grandes marcadores temporais do *trabalho*. As *fábricas* se concentravam nos três grandes bairros de São Martinho: no centro, no Mirante e na Vila das Araucárias. No centro estava a maior delas, que vendia para toda a região e exportava para fora do Brasil. Durante meu trabalho de campo, aquilo que se ouvia era que, nas *fábricas*, não faltava trabalho, informação que ganhava credibilidade através do carro de som que circulava pelo centro, oferecendo empregos nas indústrias calçadistas. Além disso, também era comum ver placas e avisos de contratação na frente das *fábricas*.

Em uma das reuniões com toda a equipe da Clínica São Martinho, um dos assuntos em pauta era o cadastramento das famílias martinenses no "Bolsa Família"[12]. A única pessoa capacitada para

---

11   Segundo o Cadastro Geral de Empregados e Desempregados (CAGED) do Ministério do Trabalho e Emprego (MTE), em janeiro de 2012, a indústria calçadista empregava 1.282 pessoas em São Martinho (MTE, 2012), ou seja, 21,17% de sua população total (IBGE, 2010).

12   Segundo o Ministério de Desenvolvimento Social e Combate à Fome (MDS), "O Programa Bolsa Família (PBF) é um programa de transferência direta de renda que beneficia famílias em situação de pobreza e de extrema pobreza em todo o País. O Bolsa Família integra o Plano

fazer o cadastro no SUAS (Sistema Único de Assistência Social) em São Martinho era a assistente social do município, Vânia, que argumentou que bater de porta em porta para saber quem precisa e quem não precisa do auxílio não fazia parte de seu trabalho. Por isso, especialmente nesta reunião, Francisco, o então secretário de educação – e filho de Júlio –, que ficou responsável por cadastrar as famílias que ainda não recebiam o auxílio, pediu para que os agentes comunitários de saúde preenchessem uma ficha com os dados dos moradores que eles achassem que poderiam receber o auxílio, trabalho que poderia ser feito durante as visitas semanais. Ao perguntar para os agentes se eles se lembravam de algum caso mais evidente que já poderia ser informado, a maioria das respostas foram negativas, com algumas indicações precisas de um ou outro agente. Uma das agentes respondeu: "Na minha região não tem ninguém. O Bolsa Família, aqui em São Martinho, é besteira! Quem quiser ganhar dinheiro, não falta emprego nas *fábricas* da cidade!" (11/07/2012).

Não trabalhar era uma atitude atribuída a uma deficiência pessoal, a *preguiça*. Como uma atividade que implicava uma conduta pessoal em que era a própria constituição de si que estava em jogo – um sujeito que se reconhecia como moralmente realizado –, a falta de trabalho permitia, também, uma classificação hierárquica desta capacidade moral, entre aqueles que se reconheciam enquanto sujeitos morais e aqueles aos quais era imputada a falta à prescrição. Esta prescrição, no entanto, ganhava expressão no momento da acusação, como um jogo estratégico de classificação em que aquele que acusava trazia à cena a prescrição que deveria guiar a conduta. Para Foucault (1988, p. 26-31), uma das maneiras de se estudar uma moral era pela via de uma história da ética ou da ascética, isto é, pelo modo de como indivíduos são chamados a se comportarem enquanto sujeitos morais, através das regras de conduta e das práticas de si como modos de assegurar a subjetivação moral. Em cada caso, um aspecto singular da conduta constituiria o eixo fundamental da problematização moral: a isto ele chamou de "substância ética". Era

Brasil Sem Miséria (BSM), que tem como foco de atuação os 16 milhõ de brasileiros com renda familiar per capita inferior a R$ 70 mensai está baseado na garantia de renda, inclusão produtiva e no acesso serviços públicos" (MDS, 2013).

por seu trabalho, sua estilização em prescrições de conduta, que se produzia um modo específico de subjetivação. O *trabalho*, em São Martinho, era este eixo singular de problematização moral, e sua não realização por parte de algum morador não tinha outra causa que não fosse à falta em bem conduzir sua vida.

Vânia, citada acima, era a assistente social de São Martinho desde minha primeira viagem à cidade, em 2011. Foi nesta ocasião, em que nos conhecemos, que Vânia me convidou para entregar alguns *ranchos* – cestas básicas – que haviam chegado a São Martinho, por conta de uma enchente que atingira a cidade em fevereiro de 2011, causando estragos em todo o município, especialmente no Centro e no Baixo da Graça. No dia da entrega dos *ranchos*, além de Vânia e eu, estava Carlinhos, presidente do Conselho Municipal de Assistência Social e morador – além de presidente da associação comunitária – do Alto da Graça. A certa altura da entrega dos *ranchos*, chegamos à casa da família de Derci, na Vila da Graça. Além das cestas básicas que entregávamos, Vânia explicava aos atingidos que teriam direito a outras cestas que, no entanto, deveriam ser retiradas, nos próximos meses, no escritório da assistência social. De volta ao ônibus, Vânia comentou o fato de Derci ter lhe perguntado sobre a possibilidade de receber, em casa, as demais cestas a que tinha direito. Contando-me sobre a conversa, Vânia questionou: "vão querer o que? Que eu faça almoço para eles?" (13/07/2011). Carlinhos ainda enfatizou o fato dos membros dessa família serem *preguiçosos*.[13]

nia, após o adendo de Carlinhos, completou: "acordaram porque
nte chegou; se a gente não tivesse chegado ela [uma garota de 17
filha de Derci] iria dormir até... porque, que horas são? Então,
1h!" (idem).

o trabalho implicava, por um lado, a subjetivação a partir
lização enquanto uma conduta moral, por outro lado, fa-
apreciações sobre aqueles que a ele se dedicavam ou se
acusação de *preguiçoso* é um exemplo típico desta apre-
gativa, que buscava hierarquizar posições através de

uma conduta prescrita, ainda que esta prescrição fosse operacionalizada diferentemente de acordo com o que estava em jogo. O *trabalho* possibilitava, deste modo, uma classificação: havia aqueles que trabalhavam, e havia os *preguiçosos* que, por esta acusação, ocupavam uma posição similar aos *xwarts*, os *de fora*, também acusados de não trabalharem. Na oposição, e através da acusação, mais uma vez era possível classificar também os *alemães* e *alemoas*, aqueles que, de acordo a relação para com o trabalho, ocupariam uma posição moralmente superior. Tudo dependia, como apontou Herzfeld (1987, p. 140), de quem fazia uso desta operação de classificação, que atuava como um *shifter* moral – noção utilizada, também, por Comerford (2003, p. 210) –, que acionava o *nós* e o *eles*, aquilo que era atributo pessoal – a disposição pessoal para o trabalho – e aquilo que era a falta deste atributo – os *preguiçosos* e os *de fora* –, enfim, aquilo que era admirável e aquilo que era desdenhado. Tudo isto dependia também da situação em que o *trabalho* era utilizado enquanto categoria, de uma relação em que fosse exigida a distinção.

O dia de entrega dos *ranchos* oferece, mais uma vez, um uso desta classificação. A última casa visitada fora a de seu Antenor. Diferentemente das demais, nas quais os problemas apontados eram quase todos ligados aos efeitos das enchentes, a casa de seu Antenor me foi apontada, logo no momento em que a avistamos, como uma das casas mais pobres de São Martinho, principalmente pelo fato de seus 80 anos de idade e de morar *sozinho*, sem *mulher*, sem *família*, e sem qualquer *parente* conhecido que o visite ou que o faça companhia. Antes de batermos à sua porta, Carlinhos advertiu sobre a possibilidade da reação negativa de seu Antenor. Sem entender, segui com um dos *ranchos* e, ao recebê-lo, seu Antenor ficou muito irritado com a entrega que lhe fazíamos. Ainda que Vânia tentasse lhe explicar que aquelas cestas básicas estavam sendo entregues por causa dos estragos causados pela enchente de fevereiro, seu Antenor retrucou dizendo que não precisava daqueles *ranchos* e que, assim que fôssemos embora, levaria tudo para uma de suas vizinhas, que estava precisando muito mais do que ele. Ao tentar me explicar a situação, Carlinhos argumentou que a irritação de seu Antenor havia sido causada, principalmente, porque ainda conseguia trabalhar, e trabalhava, e havia se ofendido em pensar que achávamos que ele não conseguia se sustentar sozinho. Segundo Carlinhos: "se deixar, com 100 reais ele vive um mês!" (idem).

O uso do *trabalho* enquanto categoria implicava uma circulação de apreciações a respeito do *eu*, que dependiam da posição inferior que era dada ao outro termo desta relação. Os *preguiçosos* ou os *de fora* assumiam, mesmo na medida em que as diferenciações se tornem cada vez menos abstratas, as heterogeneidades necessárias para a própria diferenciação pessoal, a partir dos atributos que singularizavam aquele que acionava o *trabalho* enquanto categoria, e que se julgava ausentes daqueles que se buscava diferenciar. Do mesmo modo, a relação poderia ser construída de modo que o *sujeito que trabalha* não fosse aquele que falava, como no caso de seu Antenor, no qual Carlinhos tomou para si a tarefa de o distinguir em seus atributos pessoais. Neste sentido, o *trabalho*, enquanto uma categoria de distinção moral, assumia um conteúdo "disperso, tácito e estratégico" (Villela, 2010, p. 176), expresso na fala dos martinenses, que definiam posições e constituíam continuamente uma "sócio-lógica" de suas relações (Herzfeld, 1987, p. 139; Seeger *et al*, 1979, p. 12-13).

Sobre o trabalho, Rubens disse: "Olha Everton, no meu tempo de *guri*, eu e meus irmãos acordávamos às 5h e já ia pra *roça*, na casa da minha mãe. Depois ia pra escola, voltava, almoçava e já ia pra *roça* de novo. Não tinha esse negócio de ficar na rua" (Rubens, 17/07/2012). Rubens reclamava dos pequenos furtos que estavam ocorrendo em São Martinho, segundo ele, "coisa de *guri*" (idem). Mas havia a ressalva: "Mas, olha, não é implicância minha. Mas todo esse roubo, é de piá que vem *de fora*!" (idem). Alguns meses depois, quando tornei a lhe visitar, Rubens comentou que havia visto, na televisão, uma reportagem sobre uma mulher de 90 anos de idade, que se exercitava nas ruas do Rio de Janeiro, e não tinha qualquer problema de saúde.

> Aí perguntaram pra ela o que ela havia feito da vida: tinha sido dona de casa e cuidava do serviço da empregada. Bah! Eles tinham que entrevistar alguém que realmente trabalhou a vida inteira. Minha mãe ficou viúva quando tava grávida de mim. Tinha oito filhos pra criar, contando com o que estava na barriga. E viúva! Criou todos, cuidou da *roça*, nenhum

causou problema e ela ainda está aí, com 88 anos! (Rubens, 13/01/2013).

O trabalho na *roça* não implicava uma divisão permanente de tarefas: geralmente, os mesmos moradores que tinham sua própria *roça*, realizavam outro tipo de atividades, mesmo aqueles que se reconheciam como *colonos*, como era o caso de Carlinhos, que fora bancário antes de se aposentar, atuava como presidente do Conselho de Assistência Social, e, desde que construíra sua casa, mantinha sua *roça*. Rubens, por sua vez, fazia todo o trabalho doméstico de sua casa, além de cuidar de sua *roça*, a mesma que ele trabalhava quando era criança. Uma das agentes comunitárias de saúde que eu acompanhei, Letícia, possuía, também, uma *roça* com seu marido que, como descrito, acabou se tornando ecônomo do Salão Paroquial. E, a despeito de qualquer divisão geográfica entre rural e urbano, as *roças* dos moradores de São Martinho existiam em todos os bairros da cidade, mesmo no Centro, onde, quem não plantava, podia facilmente encontrar alguém que lhe quisesse vender produtos agropecuários – verduras, legumes, galinhas e leite eram os mais usuais. Entretanto, dizia-se que, nos últimos anos, o trabalho do *colono* estava cada vez mais raro, e muitas justificativas eram dadas para esta situação. Uma delas embasava-se justamente no polo calçadista que São Martinho havia se tornado, que poderia tirar qualquer interesse das gerações mais novas pelo trabalho de *colono*. Esta era a versão, por exemplo, de dona Maria Bauer, moradora da Vila Alta, que disse-me que "os *guris* não querem trabalhar na *roça*. Quando podem, vão pras *fábricas*. Tá difícil pra *colono* viver! Quando o preço é bom, a safra é ruim. Quando o preço é ruim, a safra é boa. A última safra de batata foi boa, mas não deu pra comprar dois sacos de arroz" (Maria, 19/07/2012). Outra justificativa era a oferta de produtos industrializados, que Rubens, sempre que podia, desdenhava: "Esses leites de caixinha. Fica dois, três meses no mercado e não estraga. Vai saber o que tem dentro. Põe um leite de vaca ali fora e vai ver, de noite já tá ruim." (Rubens, 17/07/2012). E completava: "O Dr. Fernando fala que a gente como muita *graxa*.[14] Sim! Mas a gente não come o mon-

---

14 Gordura animal. Pode se referir tanto àquela gordura encontrada em assados e cozidos de boi, porco e galinha, como à gordura utilizada para

te de porcariada que tem nessas comidas industrializadas" (Rubens, 13/01/2013).

A *roça* fazia parte daquela conduta que se julgava própria aos *alemães*, que possibilitava que se tirasse dela grande parte do sustento de uma *casa* e de uma *família*, fosse para o consumo ou para a venda. Em São Martinho, esta divisão era proporcional. Rubens vendia boa parte do que produzia, assim como dona Maria. Ambos, no entanto, não deixavam de reservar parte da plantação para o próprio consumo, assim como Letícia. E o que se via pelas ruas eram grandes *roças* que tomavam quarteirões inteiros e pequenas hortas de fundo de quintal, comuns em boa parte das casas. O que se produzia na *roça* era fruto do *trabalho* e sabia-se muito bem de onde vinha: ou da própria plantação ou de uma *roça* vizinha. Rubens era especialmente crítico aos produtos industrializados, mas a suspeita era comum entre os *alemães*: "leite de caixinha" era utensílio para casos de emergência, assim como hortaliças, legumes e galinhas eram buscados, antes, entre os vizinhos. Saber a procedência dos alimentos era, sem dúvida, a informação nutricional mais importante que se poderia ter. A *graxa*, que os alemães utilizavam na preparação de todo alimento, assim como os legumes provindos da *roça*, julgava-se dar vigor e resistência[15] à rotina de *trabalho*, e dona Joanna era o exemplo regular de Rubens para situar a relação. Vigor que era compartilhado pelos *alemães*, e categorizado em oposição aos *preguiçosos* e aos *xwarts*. Nesta classificação hierárquica, havia ainda uma terceira oposição comum, construída em relação àquele que bem se conduzia pelo trabalho: os *encostados* ou *encostados no INSS*.

Bruno, morador da Vila das Araucárias, se encontrava justamente na situação de estar *encostado*. Havia sido um dos atingidos pela enchente de fevereiro de 2011, além de estar *encostado* do trabalho, por um acidente em sua perna. Bruno acabara de se divorciar

---

    o preparo de alimentos, como banha de porco e óleo de soja, muito consumidos em São Martinho.

15   Em sua etnografia entre as "classes populares", Boltanski (2004, p. 63-76) observou esta relação através do uso da categoria *forte*. Dizia-se, por exemplo, de um alimento que se julgava revigorar o corpo, que era *forte*, assim como *forte* era aquele medicamento que se julgava extremamente eficaz, o qual o uso requereria cuidados especiais.

e, desde então, morava *sozinho*. Segundo ele, essa situação, de estar sozinho desde que se divorciou, era causada principalmente pelo fato de estar *encostado*, sem trabalho. "Agora estou mal, com a perna ruim. Mas quando voltar a trabalhar, aí sim, resolvo minha vida, arrumo uma mulher! Estou *sozinho*[16] ainda por causa disso [mostrando a perna]." (Bruno, 15/07/2011).

A mesma categoria de *encostado* fora acionada por Sônia, em um dia de visitas pela Vila Alta. Em uma das casas havia moradora que sofria de crises de desmaio, o que preocupava Fernando. Após a visita, enquanto caminhávamos para a próxima casa, Sônia disse que a moradora estava com hora marcada para realizar perícia no INSS e que ela sempre inventou histórias, desde quando era sua vizinha. Disse que entendia o fato de Fernando ficar preocupado, mas que, para ela, era tudo fingimento, para ficar *encostada* (26/07/2012).

O *trabalho*, enquanto categoria operacionalizada pelos martinenses, atuava como uma "ponta" (Jullien, 2001, p. 10-35), que indicava uma série de relações que os martinenses mantinham entre si e consigo, que constituía condutas e hierarquias morais, através de apreciações que a justificavam e localizavam. Do *trabalho*, parte-se para três diferenciações e homogeneizações que singularizavam o *eu*: *os de fora* (ou os *xwarts*); os *preguiçosos* e os *encostados*. Desta última, encontra-se um terreno comum ao ato de beber: assim como beber entre amigos era uma sociabilidade e uma conduta que ativava a própria heterogeneidade do *homem alemão*, do mesmo modo, *trabalhar* participava desta mesma operação, partindo de que seu oposto – estar *encostado* – relacionava-se a uma inadequação a esta posição moral, e colocava em dúvida mesmo a possibilidade de se relacionar com uma mulher. *Trabalhar* implicava, para os *homens*, que se fizesse expressa sua capacidade para

---

16 *Sozinho* não é uma categoria nova em etnografias. Em seu trabalho de campo, na década de 1960, Bourdieu (2006b, p. 91) encontrou a mesma categoria sendo utilizada para significar a situação em que um homem não possuía uma relação estável com uma mulher. Em São Martinho, a categoria indica a mesma apreciação: a avaliação final de Carlinhos sobre seu Antenor, utilizando esta mesma categoria, indica exatamente a mesma situação – sem mulher e, em seu caso, nem mesmo filhos que morem com ele.

o *trabalho*, sua disposição ao *trabalho* – enquanto atributo pessoal –, sua resistência física para o *trabalho*, e era justamente isto que se punha em dúvida ao *não trabalhar*. Bruno lamentava-se deste fato e seu Antenor procurava evitá-lo. Carlinhos, por sua vez, frisava que era um aposentado *que trabalhava*.

Enquanto uma atividade que possibilitava uma constituição ética, que abarcava a capacidade em bem conduzir a *família* e a *casa*, assim como em manter ativas as sociabilidades que envolviam o cotidiano, não seria sobre o próprio *trabalho* que recairia o julgamento moral: mas sobre a pessoa que o realizava ou o deixava de realizar, como apontou Blok (1981, p. 434) em relação à *força* dos sicilianos – ainda que, neste caso, a força estivesse ligada à capacidade de defesa da integridade moral, o que poderia envolver o uso da violência física. Entre os *alemães*, em outra direção, esta capacidade relacionava-se especialmente à disposição para o *trabalho*. Neste caso, deixar de trabalhar raramente era uma opção para *alemães* e *alemoas* e, neste caso específico, para os *homens alemães*, implicava mesmo a possibilidade de permanecer *sozinho*.

Entretanto, *trabalhar*, como descrito, era uma atividade esperada por *homens* e *mulheres*, para *homens* e *mulheres*: fosse na *roça*, nas *fábricas* ou ainda em outras atividades menos comuns, trabalhar tratava-se de uma atividade ética dos *alemães* em geral, que os conduzia para um modo de subjetivação moralmente superior, estrategicamente acionado e categorizada na relação com aqueles aos quais era preciso se diferenciar – homogeneizados como *preguiçosos*, *encostados* ou os *de fora* (*xwarts*). A *roça* era o espaço de *trabalho* por excelência dos *alemães*, dos *colonos*, de onde provinha o sustento de uma *casa*, uma *família* e do próprio corpo, dando-lhe o vigor e a resistência necessários para uma jornada de *trabalho*. As *fábricas*, entretanto, tornaram-se uma ocupação comum entre os martinenses, onde *guris* iniciavam suas vidas de *trabalho*. Do mesmo modo, as *fábricas* potencializaram o poder classificatório operado pelo *trabalho*, através dos rumores sobre o pleno emprego em São Martinho, localizando ainda mais o ato de não trabalhar como uma falta pessoal ou uma deficiência moral.

O trabalho, deste modo, era aquele aspecto privilegiado de problematização ética e moral entre os *alemães*. A *família* e a *casa*, como vem sendo indicado, era o resultado visível da manutenção de um boa conduta moral, e integrava a conservação de outros dois aspectos do cotidiano de São Martinho: a língua e a religião. A comunidade de São Martinho era pensada como fruto do *trabalho*, da *família* e da *religião*.

Família entre os *alemães*

Família e parentes

"No limite está o universo: é tudo parente" (Marques, 2002, p. 120).

"Aqui, é tudo parente" (Rubens, 28/07/2012).

"Se você for até o fim, todos acabam sendo da mesma família" (Beatriz, 12/07/2011).

Assim como o *alemão* ou a *alemoa* eram subjetividades em variação, dependendo de uma classificação moral e da diferenciação que se fazia a partir desta classificação, a *família*, por sua vez, implicava também tramas distintas de sociabilidade, que eram agrupadas e localizadas de acordo com cada situação de pesquisa. Um modo de organização deste agrupamento era o esforço em se construir uma *genealogia* de São Martinho, que identificasse todos seus moradores no interior de um plano de parentesco endogâmico, ao menos todos os *alemães*. Este era o esforço de Beatriz Beyer, genealogista e historiadora de São Martinho, que possuía dois livros publicados sobre o tema. Outro modo de organização da *família* poderia se dar pela *moradia*, uma *casa* que identificasse um feixe singular de uma trama maior de parentesco, recurso comumente utilizado por Rubens, sempre que buscava se referir à sua *família*. Por fim, o modo mais usual em se definir os limites do agrupamento familiar era o *trabalho em comum*, que poderia também melhor definir a dinâmica de uma *casa*, assim como a existência de uma *comunidade*, fruto do trabalho em comum de muitas *famílias*. Esta era a versão de Júlio para a constituição de São Martinho, compartilhada também por Beatriz e Rubens. Para fora do agrupamento familiar estavam os *parentes*, que, no limite, todos os moradores de São Martinho poderiam compartilhar em algum grau. A *família* e a *casa* eram, em si, o objetivo e a justificativa por excelência de toda a conduta que guiava a ética e a moral entre os *alemães*, o que singularizava sua história de constituição comunitária, assim como relegava ao *trabalho* sua modulação, a um *trabalho em comum*, que apenas em raras adversidades deveria ser interrompido.

Como observou Marques (2002, p. 120) em sua pesquisa de campo, as relações entre presente e passado, e a própria história de São Martinho, podia ser contada pelas linhas de parentesco, e similar ao que sucedeu com a autora (2002, p. 130), as genealogias pareciam sempre ter início em um ancestral colonizador, um *alemão*,[17] que se *judiou* quando chegou às *matas virgens* de Cruz do Bonfim, fez a própria estrada de terra, e construiu sua própria *casa*, sempre depois do paiol. A sociabilidade cotidiana implicava e acionava a familiarização e desfamiliarização (Comerford, 2003, 209-228) contínuas e repetitivas destas linhas de parentesco, e era deste modo que atuavam a *casa* e o *trabalho*, que distinguia *família* de *parentes*.

A *comunidade* e as *famílias*

A versão a respeito da constituição comunitária de São Martinho era sempre encontrada nas falas de Júlio, fosse em reuniões administrativas, fosse em reuniões com as equipes de saúde da família: todo momento era propício para que se lembrasse dos princípios básicos da organização social martinense, que, para ele, se fundamentava em três aspectos: *saúde, educação* e *religião*.

Júlio iniciava sempre de modo similar: haviam sido treze as primeiras famílias de *colonizadores* que se estabeleceram onde hoje é o Morro da Mata. Naquele tempo havia, o que, para ele, atualmente se perdera, *companheirismo, senso de comunidade*. Cada *família* construía sua própria *casa* e, depois, ajudava a construir a *casa* das outras *famílias*. Como não tinham professor, escolheram a pessoa de *melhor* índole *moral* para ensinar língua e religião para as crianças. Como também ainda não tinham padre, escolheram uma pessoa de *tão boa* índole *moral* para cuidar da reli-

---

17 No caso da autora, as genealogias costumavam ter início em um ancestral português, que teria estabelecido seu curral pela região do sertão.

gião. A primeira capela construída foi a do Morro da Mata e, em 1905, lançaram a pedra fundamental para a construção da Igreja Matriz, no centro, que ficou pronta em 1931. Foi então enviado o primeiro pároco para São Martinho, o cônego Bruno Hamm. A *comunidade* decidiu, então, formar uma sociedade beneficente: a Sociedade Beneficente São José, a qual um dos fundadores era o cônego. A Sociedade lançou, então, o projeto de construção de um hospital comunitário – futuro Hospital São José – e, como em São Martinho não havia material de construção disponível para uma construção deste porte, foram buscar, em *lombo de burro*, tijolos e material necessário para a construção. Se fosse hoje, enfatizava Júlio, este hospital não seria construído. Depois de construído, e pela difícil manutenção de um hospital comunitário, o último médico contratado pelo hospital entrara com uma ação contra sua direção, exigindo o pagamento de honorários atrasados. Isto foi em 1972. O prefeito de Germana, então responsável pelo distrito de São Martinho, entregou sua carta de demissão ao padre e *jogou a bucha* para a Igreja – católica, de Germana. Organizou-se, então, novas eleições em Germana, com a ajuda da Igreja, quando se elegeu o prefeito Umberto Gruber, sendo seu sobrinho, Mauro Gruber,[18] designado para ser sub-prefeito de São Martinho. O novo prefeito de Germana, parte da *comunidade* de São Martinho, assim como alguns políticos interessados, se reuniram para procurar uma solução para a dívida do hospital, quando Umberto Gruber apontou para Júlio, então professor de um colégio do Morro da Mata, e lhe questionou sobre a possibilidade dele assumir a direção do hospital, para representá-lo quando preciso. Júlio aceitou. Passou a buscar fundos para pagar a dívida e, entre os *grandes*, da *alta cúpula*, nada conseguiu. Foi entre os *colonos*, que *trabalhavam todo*

---

18   Mauro Gruber era uma figura política importante em São Martinho até a época do trabalho de campo. Não participava mais ativamente da *política*, mas seu apoio era disputado pela maioria dos candidatos. Hoje, Mauro é paciente frequente de Fernando na Clínica São Martinho. Também é sócio da Sociedade Beneficente São Martinho, e seu nome pode ser visto mesmo no Clube, entre as demais propagandas pintadas em uma de suas paredes internas. Mais sobre a época da *política* em São Martinho será tratado no Capítulo 3.

dia e juntavam pouco dinheiro, que Júlio conseguiu o empréstimo para pagar a dívida do hospital.

A *comunidade* de São Martinho, isto é, a vila que se formou quando a região era ainda uma linha de loteamento destinada aos imigrantes alemães no século XIX, é fruto do *trabalho em comum* de *famílias* que construíam suas *casas*, mas não se esqueciam de contribuir para a construção das *casas* de seus vizinhos e muito menos de contribuir para a construção de espaços comuns, como as capelas, o hospital São José e um espaço para o ensino de língua e religião. A *comunidade*, enquanto um *senso de comunidade*, chamava o *trabalho* para uma nova modulação, no qual não apenas a *casa* e a *família* seriam o objetivo moral a ser alcançado: novos objetivos comuns surgiam como uma nova teleologia da conduta, como a *religião, educação e saúde*. Quando tudo é fruto do *trabalho*, ele se torna, operado categoricamente, o principal índice avaliativo: a *comunidade* depende de educação, religião e saúde, mas depende, antes de tudo, de suas *famílias* e suas *casas*, a unidade básica da constituição ética de São Martinho. Neste sentido, a *comunidade* não anula esta unidade em prol de objetivos "maiores": o que ocorre é uma composição, chamada a existir de tempos em tempos, como no resgate ao Hospital São José, mas que não dissolve as unidades menores desta formação, e muito menos se esquece da atividade básica que a possibilita, o *trabalho*.

A casa e o *trabalho*: diferenciar a *família* e os *parentes*

"Olha, essa gente se *judiou* quando eles começaram" (Rubens, 28/07/2012). Rubens, como vem sendo apresentado ao longo do texto, é *alemão*, nasceu e cresceu na Vila das Araucárias, na *casa* de seus pais, herdada de seus avós, e onde, atualmente, mantém sua plantação de batata. É filho de dona Joanna Schubert, mas se reconhece apenas por Rubens Keller, sobrenome herdado de seu pai, já falecido. Atualmente mora no início da Vila Jung, em uma casa nova, construída há sete anos. A genealogia de Rubens se inicia pouco depois da chegada dos primeiros *colonizadores* a São Martinho, entre 1860 e 1880, período inexato marcado pela construção da *casa* de seus avós, em 1896. De lá para cá, Rubens seguia deste modo: os avós de dona Joanna vieram da Alemanha, a exceção de seu avô paterno, de sobrenome Schubert (o mesmo que o dela) que veio da França, perto da fronteira com a Alemanha – onde atualmente um grupo em permanente comunicação com o *projeto hunsrik* se esforça em codificar uma língua próxima à de São Martinho, o *platt*.

Na Encosta da Serra, o avô de dona Joanna, na linha paterna, casa-se com uma imigrante alemã, de sobrenome Gross – sobrenome que pode ser encontrado em uma das ruas do centro da cidade. Juntam-se, então, Schubert e Gross. O outro lado, a linha materna, não é citado nem por dona Joanna e nem por Rubens. Salta-se, então, para a construção da *casa* de 1896, pelos pais de dona Joanna. Tudo era feito à mão. "E se não fizesse, morria de fome". Os tijolos eram feitos pelos próprios *alemães*. Telha por telha eram talhadas, assim como as vigas e as hastes do enxaimel. Quando juntava, "encaixava perfeitamente e não chovia dentro". Foi assim que os pais de dona Joanna construíram a *casa* na qual Rubens cresceu. Primeiro, fizeram, como de costume, lembra Rubens, o paiol. Eram dois andares. Embaixo ficavam os animais, a carroça e o material para a *roça*. Na parte de cima, eles moravam. Já era um grande avanço, como nota. Apenas após o paiol ficar pronto iniciava-se a construção da casa. Aí, já era um teto. Levou pelo menos dez anos para ficar pronta. Mas está de pé até hoje. Atualmente, Rubens tem *parente* espalhado pela região inteira: Vila Jung, Vila das Araucárias, centro, Germana e mesmo Porto Alegre. Além dos Keller, Schubert e Gross, ainda há os Merck, que moram, em sua maioria, na Vila das Araucárias, e os Berg, espalhados pelo centro. Rubens não citou o sobrenome de uma de suas irmãs: Ivone Denner – sobrenome tomado de seu marido –, que eu visitara com Letícia.

A "casa", como já diria Lévi-Strauss (1979, p. 159), enquanto uma "pessoa moral", pode definir quem é "natural" e quem é "de fora". Compõe em si forças de orientações contrárias, como filiação e residência, descendência matrilinear e patrilinear, exogamia e endogamia etc (p. 160-164). Entretanto, as compõem em uma rede de direitos e obrigações – aqui, de solidariedade e pertencimento –, que tem na organização de parentesco seu meio de funcionamento, mas o dobra, e não oferece qualquer solução definitiva de organização social. Quando Rubens fala a respeito da *casa de 1896*, lembra que foi lá que cresceu, ele e seus oito irmãos, e lá que *trabalhava* com sua *família*. A genealogia, ao se aproximar de sua própria história, passa a dar ênfase, cada vez maior, à moradia como aspecto de proximidade, enquanto que, aos demais, aos *parentes*, resta toda a geografia da região, situada em seu próprio uso, mas generalizada aos *parentes* que se espalharam pela Encosta da Serra. Entre os *alemães*, há aqueles que podem ser incluídos entre os Gross, Keller, Schubert, Berg e Merck. Entre estes, há ainda aqueles que são ou não são *parentes* – não há especificação; *na maioria*, são *parentes*. Há, entre os *parentes*, aqueles que se situam entre os Keller e os Schubert. Entre estes, há aqueles que herdaram a cada de 1896 e conviveram sob o mesmo teto, trabalharam na mesma *roça*: Rubens, seus pais e seus irmãos. A estes, Rubens frequentemente chamava de *família*.

Este exercício possuía, como se pôde perceber, as linhas de parentesco como principal meio de circulação pela história e pela geografia de São Martinho. Entretanto, os parentes e os sobrenomes que se acionavam para se localizar em meio a este mapa de parentesco conformam tramas de sociabilidade, variáveis em cada exercício genealógico, que se aproxima ao uso que Marques (2002, p. 129-130) dá ao conceito de "cognatismo", em oposição à estrutura segmentar de parentesco agnático. A disposição de agrupamentos acionados através do parentesco não se organiza a formar uma linearidade bifurcada em que os graus de parentesco determinam, a priori, as alianças ou seus ramos específicos. De outro modo, são as alianças e a solidariedade que influem na proximidade e nas distâncias entre *famílias* e *parentes* que, quando acionados, podem formar grupos ou heterogeneidades, conforme o caso. Deste modo, apesar do parentesco ser a via de circulação pela própria geografia relacional, esta conformação maior sempre irá compor com tramas menores: a *casa* e o *trabalho em comum* de uma *família* que busca mantê-la constitui a solidariedade básica do agrupamento familiar, que o distingui de seus *parentes*, que, no limite, formam o próprio mapa de São Martinho. Apesar do sinônimo ao conceito lévi-strussiano, a *casa*, em São Martinho, indica um movimento dinâmico de familiarização (Comerford, 2003, p. 209-228), marcado principalmente pela solidariedade no *trabalho em comum* da *família* que busca mantê-la, além de definir os limites desta mesma *família*. A dinâmica do processo esta em que, dependendo da situação em que a *família* é acionada enquanto categoria classificatória, seus limites e sua distribuição se alteram. O esforço em se traçar uma genealogia geral dos *alemães* possibilita esse deslocamento.

Os *alemães* e os *de fora*: os *xwarts* não são *parentes*

Beatriz Beyer é historiadora e genealogista de São Martinho, e *alemoa*. É graduada em história e ajudou a organizar dois livros sobre São Martinho: um sobre a formação de São Martinho no período de chegada dos *colonizadores*, que envolve, deste modo, boa parte dos atuais municípios da região que formavam, àquela época, *as matas* de Cruz do Bonfim; o outro livro era sobre a formação particular do Morro da Mata, apontada por ela, também, como o primeiro local de moradia dos *colonizadores*. Participa do *projeto hunsrik*, levado adiante por alguns pesquisadores para formalizar e estabelecer os parâmetros fonéticos e ortográficos para a língua falada entre os *alemães*, do qual resultou o microdicionário *Mayn Ëyerste 100 Hunsrik Wërter*. Para Beatriz, todo o trabalho de catalogação das famílias de São Martinho já havia sido feito, nos dois livros que ela ajudara a organizar. O que lhe permitia dizer: "se for até o fim, se estender a genealogia até os *colonizadores*, todos são da mesma família" (12/07/2011). De fato, todos os sobrenomes com os quais eu tive contato – Hoff; Jung; Beyer; Gross; Keller; Schubert; Berg; Bauer; Haus; Denner etc – aparecem na planta topográfica e na catalogação dos lotes de Cruz do Bonfim de 1870. Alguns deles se repetem mais vezes que os demais, ou então ganham proporções e visibilidade maiores – como Jung; Gross; Haus e Bauer. As famílias estão organizadas em ambos os livros de Beatriz conforme sua disposição em lotes e, mais precisamente, no interior de cada lote, em suas subdivisões em casas, sendo cada família reconhecida por cada casa. Há, ainda, a filiação por casa, e, vez ou outra, as linhas de parentesco que unem as diferentes casas. No fim, todo um plano de parentesco é traçado pela repetição dos sobrenomes trazidos pelos colonizadores – e que se repetem no uso cotidiano –, assim como pelos nomes, em menor grau, no qual, se for o caso, é simples para Beatriz saber quem é *de fora* e quem é *alemão*.

Os sobrenomes constados na genealogia geral de São Martinho, encontrados nos dois livros que Beatriz ajudara a organizar, remetem àquelas famílias de colonizadores que chagaram na região em meados do século XIX. Eram, então, sobrenomes de origem germânica, compartilhados ainda hoje pelos *alemães* de São Martinho, mas não pelo total de seus moradores: sobrenomes como Souza, Ferreira e Silva eram encontrados em moradores do Centro. Estes estavam para fora da catalogação geral das famílias martinenses. A divisão classificatória feita entre *alemães* e *xwarts* passava, então, pela constituição de um mapa de parentesco em que era negada qualquer possibilidade de participação dos *xwarts*. No conjunto de famílias que poderia compor este mapa esparso, que, como indicado, poderia se confundir com a própria geografia de São Martinho, era certo que nele não constaria um *xwarts*. Um *xwarts*, deste modo, não era *parente*. Para um *alemão*, não seria preciso reconstituir toda uma genealogia para uma resposta simples como esta. Se a *casa* e a *família* ofereciam tramas de sociabilidade que diferenciavam os *parentes* em São Martinho, assim como o *trabalho* possibilitava toda uma hierarquia moral entre os *alemães*, os *xwarts* ocupavam uma posição exterior em relação a esta operação classificatória. Eram, deste modo, o termo exterior que possibilitava novamente uma tradução categórica, decompondo sociabilidades e hierarquias próprias ao cotidiano dos *alemães*, e constituindo heterogeneidades opositoras: *alemães* e *xwarts*. Os *xwarts* não eram parentes. Também não eram *católicos* e nem *evangélicos* (luteranos), outro ponto que traria novamente a problematização do que era próprio aos *alemães*.

A RELIGIÃO E O *HUNSRIK*: O QUE É PRÓPRIO À SÃO MARTINHO

Católicos, evangélicos e *crentes*

> "Porque antigamente, se visse um *negão* na rua, já falava que era bandido e tal. Ou de cavanhaque [apontou para Fernando]. Que não fosse *conhecido*, não fosse *alemão*" (Zeca, presidente do PTB de São Martinho, 11/07/2012).

Quando se tem que falar a um *de fora* a respeito do *costume alemão* (Camila, 16/07/2012), uma categoria busca indicar a sua singularidade: os *alemães*. Nesta operação, algumas relações de termos passavam a ser feitas para que se pudesse estabelecer esta heterogeneidade que, como descrito, decompõe tramas menores. Destas relações que tomavam a religião como princípio de distinção, uma das mais comuns era esta: um *xwarts* possivelmente seria *crente* (adepto da Assembleia de Deus),[19] mas, com toda certeza, todo *crente* era um *xwarts*. Em contrapartida, um *alemão* possivelmente seria *católico*,[20] ou, em menor probabilidade, *evangélico* (luterano),[21] principalmente se fosse morador do bairro Mirante. No interior da mesma série de relações, havia aquela que, além de ser de termos, tornava-se um índice atual de heterogeneidade, que levava em conta a língua falada por cada martinense: se fosse *alemão*, falaria *hunsrik*. O *hunsrik* era a principal língua de um *alemão*, a língua com a qual se crescia em uma *casa*, em uma *família* e mesmo na própria *comunidade*. A língua se tornava, deste modo, aquela situação de prova que garantia a diferenciação.

Para Rubens, havia, em São Martinho, três religiões, que preponderavam sobre as demais, no que toca ao número de fiéis: o catolicismo, que, para Rubens, era a religião de boa parte da população

---

19 A Assembleia de Deus, junto com a Congregação Cristã no Brasil foram as duas primeiras denominações pentecostais no Brasil, tendo fundado suas primeiras igrejas em 1910 e 1911, respectivamente. Para mais sobre o pentecostalismo e sua difusão no Brasil, ver Almeida (2009, p. 25-57).

20 Católicos Apostólicos Romanos. Mas isto, na verdade, diz pouco sobre essa denominação em São Martinho. Sua ética e sua moral estão integradas ao conjunto de estilizações morais próprios aos *alemães* martinenses. Isto, na verdade, não é uma característica incomum ao catolicismo, isto é, o fato de sua unidade dogmática ser menos atuante que sua plasticidade moral e proselitista (Veyne, 2011; De Certau, 2007; Foucault, 1988).

21 Luteranos, da Igreja Evangélica de Confissão Luterana no Brasil. Em São Martinho, além de haver igualmente uma denominação pentecostal – a Assembleia de Deus – há uma neopentecostal – a Igreja Universal do Reino de Deus, fundada em 2014. Enquanto a primeira é associada aos *xwarts* pelos *alemães*, a segunda jamais foi vista sendo frequentada por qualquer interlocutor de pesquisa.

de São Martinho; o luteranismo, presente, principalmente, no bairro Mirante; e, mais recentemente, o pentecostalismo, representado pela Assembleia de Deus, situada na Vila das Araucárias, onde fora construído seu templo. Dona Joanna frisava que em São Martinho *católicos* e *evangélicos* sempre tiveram uma relação muito boa, "porque, no fim, somos todos uma só *família* [com a mão, dona Joanna faz um gesto que lembra uma concha se fechando]" (dona Joanna, 13/01/2013). Rubens concordava: quando os *alemães* foram para São Martinho, tiveram que construir tudo, as estradas, as casas e, inclusive, a igreja, no Morro da Mata. Com o tempo, *católicos* e *evangélicos* passaram a conviver em harmonia. E havia aquelas pessoas, lembrava Rubens, que frequentavam ambas as igrejas, a *católica* e a *evangélica*. A solução encontrada foi, então, fazer as *cerimônias* em dias alternados, para que todos pudessem frequentar as duas igrejas. No que frisava: "mas agora tem os *crentes*, da Assembleia..." (Rubens, 13/01/2013). Os *crentes*, para Rubens, não respeitavam as outras religiões. A reclamação era a de que, toda semana, "*eles* botam a caixa de som para fora, ligam no último volume e aí começam a cantar" (Rubens, 13/01/2013). E continuou: "Tá louco! Olha Everton, nós temos nossa igreja também. Eu canto no coral da igreja. Mas não precisa botar caixa de som pra *vizinhança* inteira ouvir. Eu ouço daqui. E aí vem o pastor deles lá e ainda começa a gritar." (*idem*). "Mas nessa aí," continuou, "é mais o pessoal *de fora* que vai. Não é *alemão*" (*idem*).

Como o *trabalho*, a religião tornava-se um critério de diferenciação, a partir de uma homogeneização dupla: os *alemães* e os *de fora*, os *xwarts*. Duas categorias que atuavam como classificatórias, e agiam diretamente no processo de subjetivação em curso pelas sociabilidades e pelo modo como cada martinense buscava se conduzir: o que era próprio ao *alemão* e à *alemoa* era se conduzir pelo *trabalho*, em busca do amadurecimento pessoal, que se expressaria de modo mais claro no estabelecimento e na boa aventurança de sua *família* e de sua *casa*. Era próprio de um *homem alemão* não se esquecer que havia o tempo de trabalho e o tempo de descanso, e que *beber com amigos* era atualizar sociabilidades e demonstrar resistência aos efeitos da bebida, próprio de alguém que não é mais *guri* e não se perde em suas atribuições. E era próprio aos *alemães* em geral ter *comedimento* e *discrição* em suas condutas: "Os *alemães* são muito *fechados*" disse-me Sônia certa vez (19/07/2012). O comedimento já foi observado em relação ao uso da bebida, especialmente pelos *guris*, que ainda poderiam não ter a resistência necessária aos seus efeitos, como os *homens*. Do mesmo modo, a relação com a religião devia ser guiada por uma conduta discreta, pessoal, o que incomodava padre Gustavo, pároco da Igreja Matriz.

A família de padre Gustavo era de São Martinho, da Vila da Graça. Ele, por sua vez, mudara-se definitivamente para São Martinho há dois anos, mas já exercia o ministério há seis. Apesar de ser de fora da cidade, era *alemão*, da região da Encosta da Serra. Encontrei o padre para conversar na Casa Paroquial, uma construção antiga, dividida entre o espaço destinado ao atendimento público e o espaço reservado ao uso do padre, no qual se encontravam seus aposentos, assim como uma sala para reuniões. O espaço de atendimento era separado do público por um balcão de vidro, no qual eram expostas algumas bíblias para a venda, assim como alguns livros sobre São Martinho e sobre a região da Encosta da Serra. A secretária da Casa Paroquial se encarregava pela agenda do padre, assim como pelo controle dos batizados, eucaristias, casamentos etc., que eram organizados por morador e por *família*, e contava mesmo com um sistema computadorizado que, de acordo com a idade, avisava sobre as pendências de cada fiel.

Para o padre, havia três identificações religiosas em São Martinho: os *católicos*, os *evangélicos* e os *crentes*. Entre estas, os *católicos* formariam a maioria. Os *alemães* possuíam, lembrava o padre, uma relação muito forte com a religião católica. "80%, 85% dos *alemães*, para chutar baixo e não ter perigo de errar, são *católicos*. Entre 15% e 20% são *evangélicos*" (padre Gustavo, 11/01/2013). E havia aquelas religiões que estavam chegando à cidade. Mas estas, afirmava o padre, eram os não *alemães*, os *de fora*, os mais adeptos. Em relação aos *alemães*, a relação deles com a Igreja Católica era muito complicada. Apesar de já trabalhar em São Martinho há dois anos, padre Gustavo frisou que ainda era muito complicado ter um acesso direto aos *alemães*, que eram muito *fechados, individualistas*. Apesar da relação íntima com o catolicismo, eles, por *medo* ou por *vergonha*, falavam muito pouco ao padre; procuravam, na maioria das vezes, resolver todos seus problemas por eles mesmos. O padre participava do Conselho Municipal de Saúde e disse que até avisou Fernando para que, em casos que ele não pudesse ou não conseguisse resolver, ele o avisasse, porque "às vezes, o caso não é de saúde, mas orientação, de direção, de um caminho" (padre Gustavo, 11/01/2013).

A direção da conduta de cada *alemão* e de cada *alemoa* era reservada a eles mesmos. O modo como cada *homem* e *mulher* eram chamados a bem se conduzir dependia, em grande medida, da classificação que se fazia daqueles que não seguiam as prescrições mínimas de conduta, ainda que, como descrito, tais prescrições ganhassem forma no momento em que eram operacionalizadas em cada situação. Neste sentido, a direção de conduta ganhava os contornos de uma ascese pessoal, que não remetia a ela mesma, mas possuía uma teleologia: a *família*, a *casa* e a *comunidade*. A religião não era um dos objetivos desta ascese: era sua justificativa, aquilo que melhor explicava esta conduta e que buscava lhe dar sentido. Seguir pela conduta do *trabalho* implicava o comprometimento religioso, uma "boa índole moral", como dissera Júlio. A *comunidade* de São Martinho era fruto do *trabalho em comum*: sua organização moral ficava a cargo da Igreja, o que se via no controle que a Casa Paroquial mantinha em relação aos compromissos de seus fies para com a Igreja. A conduta que cada *alemão* ou *alemoa* mantinha com tal justificativa moral, entretanto, não era passível de direção religiosa, fosse por "vergonha", por "medo" ou por "individualismo". A discrição da conduta implicava, assim como no trabalho, um processo de subjetivação marcado pela ascese pessoal, que não deixava de levar em conta, em sua atividade ética fundamental – o *trabalho* –, os objetivos e sua justificativa religiosa, mas que dificilmente se abria à direção, isto é, a outra direção que não fosse do próprio sujeito.

Com a religião, os *alemães* tornavam-se mais uma vez uma heterogeneidade operacionalizável na distinção em relação aos *xwarts*, numa classificação em que *católicos* e *evangélicos* formavam uma *comunidade*, e na qual se excluíam os *crentes*, que se julgava não partilharem da conduta e da moral presente entre os *alemães*. Neste processo de distinção moral, um aspecto deixava de atuar enquanto categoria operacionalizável e atuava como índice atual de pertença: a língua.

O *hunsrik*

"Há 20, 22 anos ninguém ou muito pouca gente falava o português em São Martinho. Quando me casei foi uma dificuldade, porque meu marido... Ele é um *xwarts*, e não falava *alemão*[22] (...) Entre nós, de qualquer *família* do São Martinho, é muito mais comum o *alemão* que o português. Mesmo para se trabalhar em alguma *fábrica* ou loja da cidade tem que falar *alemão*, pois as pessoas de mais idade não falam português".(Fátima, moradora da Vila das Araucárias e usuária da Clínica São Martinho, 07/07/2011).

Como eu poderia acompanhar durante todo meu trabalho de campo, e, na verdade, como já soubera antes mesmo de minha chegada a São Martinho, a língua que se fala entre os *alemães* é o *hunsrik*. E, dentro de uma *casa* ou no interior de uma *família*, a língua que se aprende é o *hunsrik* que, depois, cede espaço ao português, aprendido nas escolas e nos colégios. Entretanto, longe de o substituir, o português se torna uma segunda língua, acessada em ocasiões específicas, como reuniões oficiais da administração pública, comércio, atendimentos públicos ou mesmo em conversas, quando não se sabe se aquele que lhe escuta é ou não um *alemão*. Mesmo no caso dos atendimentos da Clínica São Martinho, tudo depende da cena do diálogo, que podia trazer ao uso – e geralmente o fazia – o *hunsrik*.

Nas visitas em que acompanhei Sônia e Letícia, muitas das conversas com os moradores aconteciam através do *hunsrik*, à exceção daqueles momentos em que ambas procuravam levar a visita em português, o que geralmente era frustrado pelos moradores que, nos momentos de suas falas, retornavam ao *hunsrik*, no que elas os acompanhavam. Havia ainda aquelas visitas em que sequer a tentativa de se utilizar o português poderia ser tentada, principalmente naqueles casos em que os moradores possuíam o *hunsrik* como úni-

---

22 Como indicado na Introdução (p. 22, nota 8), entre a maioria dos *alemães*, sua língua é identificada simplesmente por *alemão*. Por opção de análise, e para diferenciar, no texto, o momento em que se tratar da língua daquele em que se tratar da subjetividade, optei pelo termo *hunsrik*, utilizado não apenas por Beatriz, mas também por outros moradores, como Rubens.

ca língua. Foi o caso de uma visita que Sônia e eu fizemos a uma família recém-chegada à Vila Alta, naturais de Germana, mas *alemães* e falantes do *hunsrik*. No momento em que Sônia lhes perguntou os nomes, a moradora, que naquele momento era a única presente, lhe disse apenas: "não falo *brasileiro*".[23] A conversa entre ambas passou a se dar através do *hunsrik*, sem o qual Sônia dificilmente preencheria seu caderno com a quantidade de informações recolhidas.

Como índice preciso de pertença, o *hunsrik* caracterizava-se como uma medida fina. Quando conheci Fátima na sala de espera da Clínica São Martinho, aquilo que me foi dito, quando não entendi sua primeira pergunta, feita em *hunsrik*, foi: "Ah... Você é *de fora*..." (Fátima, 07/07/2011). De modo que, inseridos em uma classificação que hierarquizava *preguiçosos*, *encostados*, *homens* e *guris*, assim como em uma genealogia que poderia se subdividir em *famílias*, *casas* e *parentes*, o *hunsrik* fazia lembrar que, parafraseando Beatriz, *todos eram da mesma família*, todos eram *alemães*. A despeito daquilo que subjetivava *alemães* em suas condutas, que hierarquizava sujeitos morais de acordo com uma prescrição fundamental que poderia ser operacionalizada para uma distinção estratégica, o *hunsrik* traduzia em língua uma heterogeneidade fundamental, aquilo que era próprio ao *alemão* e à *alemoa*, não compartilhado apenas pelos *xwarts*, os *de fora*.

Nos atendimentos internos da Clínica São Martinho, o *hunsrik* era constantemente acionado, fosse pelos pacientes, fosse pelas próprias secretárias que, valendo-se da língua, agilizavam boa parte de seu trabalho. Naqueles momentos em que Flávia, secretária da Clínica em 2011, permanecia sozinha na sala de recepção, toda sua conversa com os pacientes passava a realizar-se em *hunsrik*, ainda que toda a ficha médica, assim como o encaminhamento para Lúcia ou Cida, fossem feitos em português. No caso dos pacientes, não eram raros aqueles que, chegando ao consultório, encontravam dificuldades em expressar-se em português, o que fazia com que Flávia

---

23 A oposição entre o *alemão* (*hunsrik*) e o *brasileiro* (português) é a mais usual em São Martinho. Entretanto, assim como a opção tomada em relação ao *hunsrik*, optei, no momento da análise, em chamar o *brasileiro* de português, principalmente para frisar que a análise gira em torno da língua falada pelos *alemães*.

ou Amanda, ou mesmo Cida, fossem chamadas como intérpretes, como em julho de 2012, já na nova unidade da Clínica São Martinho, quando Amanda foi chamada ao consultório por Fernando, após seu paciente lhe questionar: "fala *alemão*? Não? Acho que vai ser problema..." (18/07/2012).

Não falar o *hunsrik*, na relação com alguns *alemães*, impedia o diálogo. Contudo, de tudo aquilo que constituía a ética e a moral de *homens* e *mulheres* de São Martinho, o *hunsrik* era sua expressão mais evidente, um índice classificatório de um processo de subjetivação singular, que marcava um ritmo, um estado corporal, uma organização familiar e uma noção de comunidade que remetiam uns aos outros na definição de seus aspectos. A *comunidade* de São Martinho devia sua existência ao *trabalho comum* de *alemães*, que pela boa conduta em relação à atividade do *trabalho* eram capazes de se dedicarem à *comunidade* e as suas *casas* e *famílias* com total controle de seu tempo. Uma *comunidade* que se justificava moralmente pelo catolicismo ou luteranismo, mas que mantinha no *trabalho* a atividade ética e moral fundamental. O *hunsrik* era a língua que regia a categorização de todo este processo, o modo de expressão singular pelo qual era possível problematizar as condutas e operar as classificações que as hierarquizavam. O *hunsrik* fazia com que a própria fala de um *alemão* ou uma *alemoa* os distinguisse em sua heterogeneidade.

UMA *COMUNIDADE* DE *ALEMÃES*

A conduta em relação ao *trabalho* imprimia entre os *alemães* a busca por uma regularidade em sua realização que não deveria ser interrompida. O *trabalho*, que quando categorizado atuava como índice de avaliação moral, atuava, do mesmo modo, enquanto índice privilegiado da disposição física de cada *alemão* ou *alemoa*, condição fundamental para sua realização. Era, deste modo, o resultado visível desta disposição, mas também o indicador de que se tinha vigor para realizá-lo. No limite, não deixar de trabalhar indicava o estado corporal próprio a um *alemão* e uma *alemoa*, aquilo que poderia ser chamado de *saúde* ou *doença*.

Em uma visita que Sônia e eu fizemos a Hilda Lemke, moradora da Vila Alta, é exemplar desta relação. Hilda estava à espera de uma cirurgia por causa de uma hérnia ingnal, que havia tempos que era remarcada de modo a sempre atrasar sua realização. Para situar a dimensão do problema, Hilda nos levou até o lado de fora de sua casa e nos mostrou o que, para mim, era uma enorme quantidade de troncos de acácia já cortados para serem vendidos como lenha. Para Hilda, a quantidade era ridiculamente pequena: havia cortado todos os troncos naquela manhã, mas, para ela, cortaria o dobro se não fosse o impedimento causado pela hérnia. Isto a irritava profundamente, ainda mais pelo que dela se dizia: segundo Sônia, sua fama era de jamais ter deixado de *trabalhar*.

Os casos acima descritos sobre seu Antenor, que não deixava que se supusesse que sua idade era impedimento para o *trabalho*, ou sobre Bruno, *encostado* por conta de um acidente de trabalho, são indicativos da mesma relação entre a regularidade da conduta e a avaliação que se faz do estado corporal. Nenhum *alemão* ou *alemoa* espera ficar *encostado* ou *encostada*: esta condição deve ser de excepcionalidade, e se o corpo permanece apto para o *trabalho*, não havia motivos para que a atividade fosse interrompida. A interrupção nesta ascese que se fazia pelo *trabalho* interrompia, do mesmo modo, o eixo fundamental de problematização moral destes sujeitos, sua atividade ética fundamental, pela qual, e através de sua modulação, atingia-se os objetivos morais básicos dos *alemães*: a *família*, a *casa*, a *comunidade*. Uma teleologia da existência que deveria ser regular, na toada constante do *trabalho*.

Na classificação que era oferecida pela Clínica São Martinho a estes moradores, a categoria de *população atendida* implicava, em direção contrária, que *alemães* e *alemoas* permanecessem em um tratamento e acompanhamento médico contínuos, no qual não havia a fronteira da cura, mas uma promoção da saúde pautada em atividades alternativas ao *trabalho* consideradas saudáveis – beber não estava entre elas –, assim como em um *vínculo* entre médico e paciente que imprimia sempre uma condição de suspeita sobre o estado corporal deste paciente, e não possuía um fim pré-determinado. A *população atendida*, e sua divisão em áreas e microáreas de atendimento, classificava moradores que precisavam ter sua saúde controlada, e tudo passava por um processo de subjetivação que buscava transformar *alemães* em pacientes, através de um *vínculo* que buscava transformar agentes comunitários de saúde e o médico em agentes no processo de organização familiar, considerada determinante na terapêutica proposta pela Clínica São Martinho. O que se produzia, como descrito no capítulo anterior, era uma população de pacientes, que deveria ser *vinculada* sempre ao trabalho da Clínica.

O que resulta do cruzamento entre os dois modos de classificação dos moradores de São Martinho – ambas estratégicas, operacionalizadas de acordo com o que estava em jogo em cada situação, sendo uma delas moral e a outra médica – são modos de conduta que parecem apontar para direções opostas. Por um lado, no caso da categorização da conduta ética fundamental entre os *alemães*, o *trabalho*, aquilo que poderia ser chamado de doença, isto é, aquilo que impedia o corpo em manter-se na regularidade desta conduta, era uma excepcionalidade que deveria ser superada, sob o risco de sofrer acusações morais como a de *encostado* que mais do que qualquer outra indicava precisamente uma incapacidade física para o *trabalho*. Por outro lado, no interior de uma classificação médica de uma população de pacientes, a *doença* era um estado que se confundia com a própria existência do paciente, ou, em outras palavras, o paciente era sempre algo a ser trabalhado, no decurso de um tratamento e de uma terapêutica contínua, em que a fronteira entre saúde e doença era borrada em detrimento de um controle fino de seu estado corporal, que deveria estar sempre *vinculado* aos cuidados do médico e dos agentes comunitários de saúde.

No interior da *população atendida*, do público-alvo da ESF em São Martinho, não havia apenas uma subjetivação concorrente, mas toda uma classificação alternativa decorrente deste modo de subjetivação, que buscava imprimir seus próprios índices de saúde e doença a seus moradores. Uma *comunidade* de *alemães*, que faziam uso da Clínica São Martinho quando julgavam necessário, mas que modulavam este uso à conduta própria que deveria guiar suas vidas, sem que o *vínculo* proposto pela Clínica determinasse a busca por atendimento médico. Na maior parte dos casos, a busca estava condicionada a um estado corporal e moral – estar *encostado* –, do qual era preciso livrar-se o quanto antes.

No entanto, não se tratava de uma realidade de exclusão: aquilo que era próprio a Clínica São Martinho e aquilo que era próprio aos *alemães* se comunicavam e estabeleciam composições. A principal delas era a *política* e o *governo*, nas quais moradores, funcionários públicos, gestores municipais e candidatos políticos agiam em conjunto, inclusive na implementação e gestão de políticas públicas, como a ESF. O próximo capítulo dará conta destas composições, que aproximavam *alemães* e gestores na *política* e no *governo*.

CAPÍTULO 3

Política e governo: a administração pública da saúde em São Martinho

A *administração pública* da saúde em São Martinho aproximava moradores e gestores municipais através de *vias de comunicação* pessoais, pelas quais se realizavam *trocas* e *demandas* de ambos os lados, e que agiam diretamente no modo como a ESF era implementada no município. Isto ocorria através de dois eixos. No primeiro eixo, o que estava em jogo era uma divisão de atribuições, entre aqueles que participavam da administração pública de São Martinho, os *gestores*, e aqueles que possuíam a capacidade de realizar demandas específicas a alguns gestores que lhe eram próximos, um certo número de *moradores*. No segundo eixo, se formavam as composições resultantes das vias de comunicação entre gestores e moradores, que eram principalmente duas: em primeiro lugar, o *governo*, como uma disposição de poder capaz de gerir e de imprimir regularidades ao comportamento de tais moradores, por toda uma economia das trocas que podiam ser realizadas e pela atuação de profissionais que partilhavam deste poder, como os profissionais da saúde; em segundo lugar, em períodos precisos, o que se formava era a *política*, enquanto um intervalo de tempo específico em que havia a disputa por *votos* em períodos eleitorais, no qual gestores, candidatos e *famílias* atuavam enquanto dois *grupos* rivais.

O cruzamento entre estes dois eixos que aproximavam gestores e moradores colocava em relação duas classificações que operavam categorias distintas: a classificação médica da *população atendida* e a classificação moral de *alemães* e *alemoas*, apresentadas nos capítulos anteriores. Isto implicava que a *política* e o *governo* eram composições das quais os *alemães* buscavam participar, o que incluía a administração pública da saúde. A Implementação da ESF em São

Martinho passava, então, pelas composições da *política* e do *governo*, o que implicava, do lado da administração pública, todo um trabalho técnico e burocrático, mas implicava também, pela relação com os moradores e com as *famílias*, toda uma economia das trocas e das demandas. Deste modo, observar a implementação da ESF a partir das composições da *política* e do *governo* possibilita a análise da singularidade da ação dos gestores responsáveis por esta tarefa em São Martinho, que atuavam sempre no interior de tais composições. Neste capítulo, seguirei por esta perspectiva de análise.

O GOVERNO E A *POLÍTICA*

O governo, em São Martinho, era uma disposição de poder integrada aos eixos que colocavam em relação cotidiana gestores e moradores. Era condicionado ao trabalho técnico e burocrático dos funcionários da administração pública, os gestores, assim como pela atuação de agentes que não necessariamente participavam das decisões da administração pública, como os profissionais da saúde. Em conjunto, gestores e os demais profissionais que partilhavam do poder de governo atuavam enquanto agentes de governo. O governo era condicionado, também, pelas relações que se estabeleciam entre agentes de governo e moradores, que poderiam resultar em demandas e trocas em geral, que agiam no modo de atuação da administração pública, assim como na atuação daqueles que buscavam ocupar, no futuro, seus cargos. O governo era então uma disposição de poder capaz de agir sobre uma população, de implicar uma regularidade em sua existência, pela partilha do poder entre agentes de governo, e por uma economia das demandas de moradores.

Foucault (1995, p. 243-244) propunha uma definição de governo que abarcava, antes de tudo, o governo estratégico das condutas, como o poder de estruturar a ação dos outros e, neste processo, implicar resultados de governo, como a subjetivação de corpos (Foucault, 2008a, p. 242-243), a comensuração de aglomerações, a sujeição, assim como a identificação analítica de cada uma de suas partes. O resultado deste poder de governo era a produção de "população" e "sujeitos". Tirando a centralidade do Estado e partindo para uma contra-história do poder (Foucault, 2002, p. 76-79), o governo circulava, então, de forma diferenciada e estratégica, pelos gestores que organizavam a administração pública, por profissionais que lhe davam suporte, assim como pelos moradores capazes de propor demandas e trocas, no interior de uma disposição que procurava dirigi-las.

Governo e política derivam de construções categóricas distintas: no primeiro caso, a categoria foi por mim utilizada para descrever e analisar esta disposição de poder na qual se inseria a administração pública, assim como os gestores responsáveis pela implementação da ESF em São Martinho; no segundo caso, *política* era utilizada pelos próprios martinenses para indicar um intervalo de tempo preciso, em que a disputa política e a busca por votos ativavam a atuação de dois *grupos* rivais. Estes *grupos* eram formados, principalmente, por *famílias*, candidatos e agentes de governo, que disputavam *votos*, trocavam *acusações* e se relacionavam como heterogeneidades opostas. A *política* lembra, então, o que Palmeira (1996, p. 42-43) definiu como "época da política", enquanto um recorte do tempo social em que desavenças e brigas, assim como facções, eram atualizadas na disputa eleitoral, evidenciando fronteiras que se tornavam menos visíveis fora da disputa.

Em São Martinho, *política* e governo eram composições que atuavam em conjunto. Neste sentido, partirei da descrição da disposição de governo que acompanhei durante a maior parte de meu trabalho de campo, indicando o momento de ocupação da administração pública por parte dos membros de um dos *grupos* rivais de São Martinho, assim como as vias de comunicação que se estabeleciam com alguns moradores. Em seguida partirei para a *política*, vivenciada por mim na disputa eleitoral de 2012, de modo a descrever a determinação de *grupos* e de sua disputa, na atuação dos agentes do governo durante este intervalo de tempo.

A DIVISÃO ENTRE *GRUPOS RIVAIS* E A OCUPAÇÃO DA ADMINISTRAÇÃO PÚBLICA

Três versões podiam ser distinguidas entre aquelas que buscavam retratar a ocupação da administração municipal de São Martinho, em 2009, por um dos *grupos* rivais: a primeira era de Paulo Ritter, prefeito municipal; a segunda era de Zeca, presidente municipal do PTB e correligionário de Gil Fuccio, principal opositor de Paulo; e a terceira, de Júlio. Todas buscavam operar uma classificação que indicava quem era de um *grupo* e quem era de outro, creditando a tal classificação a possibilidade de se ocupar um cargo na administração municipal. A organização de cada *grupo* era semelhante: havia uma posição de destaque, uma referência para os demais membros do *grupo*, assim como para os membros do *grupo* rival, que lhe dedicava boa parte das *acusações*; no apoio a esta posição de destaque, havia outras, que também eram referências para os demais membros do *grupo*, ainda que não guardassem em si aquela simbiose que remetia a heterogeneidade do grupo à pessoa que ocupava sua posição de maior destaque; havia também os *correligionários*, vinculados ou não vinculados a partidos políticos, que geralmente davam apoio durante a *política*: as *famílias* eram disputadas para esta função, assim como principal alvo na busca por *votos*. Os funcionários públicos e gestores poderiam ganhar destaque no interior de cada *grupo*, principalmente quando referidos a alguma capacidade técnica ou burocrática singular.[1]

Em São Martinho, havia dois *grupos*: de um lado, o *grupo* de Paulo Ritter e Júlio Hoff; e, por outro lado, o *grupo* de Gil Fuccio e Dr. Romildo. Eram, então, *grupos* em que a posição de destaque era compartilhada, cada qual criando seus próprios apoios e suas próprias desavenças. A posição de Júlio, no entanto, era inconstante: creditava-se a ele a formação de um terceiro *grupo*, que ele sempre poderia ativar – o que, como será apresentado na versão de Zeca, não seria inédito – caso escolhesse por deixar o *grupo* de Paulo. A divisão de tais *grupos*, que eram recentes na história de São Martinho, era

---

[1] A organização de cada *grupo* lembra o que Camargo (2014, p. 11-27, 2012, p. 78-79) descreveu como os *grupos políticos* de Monsanto, cidade do Sertão do Pajeú, Pernambuco. Assim como em São Martinho, em Monsanto havia dois *grupos* rivais, o *grupo vermelho* e o *grupo azul*. No entanto, a posição de destaque, lá, era ocupada por um *líder*, reconhecido assim pelos demais membros do *grupo*, que sedimentara sua posição ao longo de anos de atuação política. Além disso, em São Martinho a denominação que se dava a tais heterogeneidades era apenas *grupos*.

indicada, em todas as versões, como a principal condicionante da organização da administração pública que acompanhei em campo.

Uma trajetória da terra: a versão de Paulo

Segundo Paulo, foi em 2008 que a oposição à gestão do então prefeito Gil Fuccio passou a se organizar para formar, a princípio, uma coligação eleitoral.[2] Entretanto, a construção de sua carreira política e administrativa era por ele atrelada a sua própria trajetória de vida. Paulo cresceu e morou na Vila da Graça, até iniciar seus estudos no Seminário Menor de Partido, município a oeste de São Martinho, no final dos anos 60. Após três anos ingressou no Seminário de Cotí, município próximo a Porto Alegre, onde também pôde frequentar o curso científico, equivalente ao atual Ensino Médio. Após se formar, Paulo mudou-se para Trechos, município vizinho a Cotí, onde ingressou em seu terceiro Seminário, no qual cursou filosofia. Paulo atribuía a Trechos sua primeira oportunidade de atividade política, quando ajudou a criar o Grêmio Trechense da Juventude, que buscava, "seguindo o 2º Vaticano"[3] (Paulo, 16/01/2013), ampliar a comunicação entre Igreja Católica e comunidade. Ingressou, no mesmo período, na Pontifícia Universidade Católica (PUC) de Porto Alegre, para estudar Teologia, mas permaneceu morando em Tre-

---

2   A Coligação Eleitoral é uma prerrogativa da disputa política garantida pelo Art. 10 da Lei das Eleições (Lei n. 9.504/1997), assim como pela pelo Art. 17, § 1º, da Constituição Federal, alterado pela Emenda Constitucional (EC) n. 52 de 2006 (TSE, 2012). A Coligação permite a partidos políticos unirem-se para a disputa eleitoral majoritária e proporcional, ou para ambas, sendo, neste caso, permitido que se forme mais de uma coligação para as eleições proporcionais dentre aqueles partidos que formam uma coligação majoritária. A EC n. 52 garante justamente a autonomia dos partidos políticos em definirem os critérios de escolha e o regime de suas coligações, sem obrigatoriedade de vinculação entre as candidaturas em âmbito nacional, estadual, distrital ou municipal.

3   O Concílio Vaticano II ocorreu em 1964 e impulsionou a organização e fortalecimento político da então recente CNBB (Confederação Nacional dos Bispos do Brasil), fundada em 1952, principalmente a partir das ações das Comunidades Eclesiais de Base (CEB) e das Pastorais da Terra. Para mais sobre isto, ver Azevedo (2004).

chos. Neste período, estreitou sua relação com a Pastoral da Terra e com as Comunidades Eclesiais de Base (CEBs) atuantes na região. Após o término da faculdade de Teologia, realizou seu estágio, para o Seminário de Trechos, em um município do norte de Mato Grosso, e lá se envolveu politicamente, participando da organização e das manifestações de agricultores, o que o levou a não retornar para o Seminário para completar seus estudos. Quando retornou para São Martinho, estabeleceu-se novamente na Vila da Graça, onde conheceu sua atual esposa, assim como fundou o Centro Comunitário do bairro e passou a lecionar, com a companhia de seu irmão, padre, para os jovens de São Marinho, principalmente para a "juventude rural" (Paulo, 16/01/2013), que juntava algumas vezes 1.200 pessoas. Neste envolvimento com a comunidade rural, lançou-se candidato para a presidência do Sindicato dos Trabalhadores Rurais de Germana e perdeu, o que lhe incentivou a organizar a comunidade rural de São Martinho, valendo-se dos laços criados no Centro Comunitário e nas reuniões com a juventude rural. No ano da emancipação de São Martinho, em 1988, reuniram-se *colonos*, moradores e agentes de governo em assembleia no Clube da Sociedade Beneficente, para colocar em votação a criação de uma comissão provisória que se encarregaria do projeto de criação de um Sindicato dos Trabalhadores Rurais de São Martinho, que foi aprovada. Paulo foi eleito presidente da comissão, que teve seis meses para criar o projeto e o estatuto do novo sindicato. Posto em votação em uma nova assembleia, também no Clube, já no final de 1988, foi também aprovado. A primeira mesa diretora do novo Sindicato dos Trabalhadores Rurais de São Martinho foi presidida por Paulo que, na verdade, permaneceu na presidência do sindicato por 15 anos, até a primeira metade dos anos 2000. Atualmente a presidência é ocupada por Sandro, sobrinho de Paulo.

No final de 1987 e início de 1988, Paulo, assim como Júlio,[4] participou da Comissão Emancipadora de São Martinho. Neste período, Paulo já havia fundado o Partido dos Trabalhadores (PT) em São Martinho, partido que permaneceu até 2005, quando, segundo disse, por razões pessoais, deixou o partido. Atualmente, é filiado e preside o Partido Progressista (PP) em São Martinho. Nas primeiras eleições municipais, Paulo candidatou-se a vereador, tendo sido o segundo

---

[4] Ver Introdução, p. 16.

mais eleito, com 160 votos, atuando no primeiro governo municipal, que tinha como prefeito Gil Fuccio. No final dos anos 1980 e início dos anos 1990, passou a apresentar um programa de notícias e variedades na Rádio São Martinho, que funcionava no interior da sede do Sindicato, que ficou no ar por 12 anos. No final dos anos 1990 foi indicado e participou da mesa diretora da FETARG (Federação dos Trabalhadores Rurais do Estado do Rio Grande do Sul), onde atuou como 2º Secretário. Em 2008, quando então já havia deixado o Sindicato, assim como a FETARG, mas ainda na presidência do Centro Comunitário da Vila da Graça, Paulo foi convidado por Gil Fuccio, que organizava sua candidatura à reeleição para a Prefeitura Municipal, para candidatar-se como seu vice-prefeito. Paulo diz que aceitou o convite, mas sob uma condição: a candidatura seria apresentada com Paulo disputando o cargo de prefeito, e Gil disputaria o cargo de vice-prefeito. Gil, no entanto, recusou a proposta.

Na época do convite, Paulo permanecia sem partido, após ter deixado o PT. Foi no projeto de lançar uma candidatura própria, de oposição a Gil Fuccio, que alguns partidos da oposição passaram a lhe procurar, oferecendo-lhe espaço para a candidatura. Entre eles, estava o PP, que Paulo apenas afirmou que, na época, lhe pareceu a melhor das alternativas, levando-se em conta a política municipal. Após a filiação ao PP, organizou-se uma convenção[5] para definir e oficializar sua candidatura, que contou com todos os partidos de oposição a Gil Fuccio: PP, PSDB (Partido da Social Democracia Brasileira), PSB (Partido Socialista Brasileiro) e PDT (Partido Democrático Trabalhista). Na convenção, a candidatura de Paulo foi eleita por unanimidade. Para vice-prefeito, sete candidaturas foram inscritas. Propôs-se, então, que cada partido, à exceção do PP que já tinha o candidato a prefeito, inscrevesse um filiado que concorreria à candidatura de vice-prefeito, e que teria 10 minutos para apresentar suas propostas para, então, ser iniciada a votação. Entretanto, ape-

---

5 Os artigos 7 e 8 da Lei das Eleições (Lei n. 9.504/1997) exigem a realização de convenções partidárias para deliberação sobre as coligações eleitorais e as candidaturas que serão apresentadas à Justiça Eleitoral. Os partidos coligados têm o direito de utilizaram gratuitamente prédios públicos para a realização de suas convenções, que devem ocorrem entre os dias 10 e 30 de junho do ano em que se realizam as eleições (TSE, 2012).

nas os candidatos do PSDB e do PSB optaram pela apresentação: pelo primeiro partido, estava Leonardo, presidente do partido em São Martinho, *colono*, que se envolveu na política também através do Sindicato dos Trabalhadores Rurais de São Martinho; pelo PSB, estava Júlio, partido que presidia no momento da pesquisa de campo, que aproveitou o momento para falar bem mais de 10 minutos; segundo Paulo, um belo discurso. Ainda assim, quem assumiu a candidatura para vice-prefeito foi Leonardo. Paulo creditava às muitas desavenças de Júlio sua derrota para Leonardo. Com a coligação formada pelos mesmos quatro partidos que participaram da assembleia, e com Paulo e Leonardo como candidatos a prefeito e vice-prefeito, Gil Fuccio, segundo Paulo, "soltou fogos" (Paulo, 16/01/2013). Isto porque, Paulo dizia não ter a mesma "força política" de Gil, e Leonardo era um desconhecido de boa parte da população. Por isso mesmo, segundo Paulo, a campanha se deu principalmente através da "busca do voto nas *casas* de São Martinho" (idem). Paulo e Leonardo venceram as eleições de 2008, e então passaram a ocupar, assim como alguns membros do *grupo*, os cargos na administração pública municipal.

Uma disputa pessoal: a versão de Zeca

Zeca havia sido quem primeiro me inteirara da disputa política entre os *grupos*. No período de trabalho de campo, Zeca era presidente do PTB de São Martinho e sobrinho de Júlio, isto é, filho da irmã da esposa de Júlio. Zeca e Júlio estavam, em 2012, em *grupos* opostos, mas já fizeram parte do mesmo *grupo*, no começo dos anos 2000. Segundo Zeca, a disputa política no município havia se tornado pessoal. Zeca e sua mãe faziam parte do *grupo* de Gil Fuccio. O motivo desta disputa, que separavam *famílias*, segundo Zeca, era a *política*. A principal desavença do *grupo* de Gil não era creditada a Paulo, mas a Júlio. Para Zeca, isto não era de se estranhar, já que eram muitas as pessoas que não mantinham apreço por Júlio.

A história da briga entre Júlio, de um lado, e Gil e Dr. Romildo, de outro, teve início, segundo Zeca, em 2004. Neste ano, Júlio era presidente do PMDB e Zeca 1º Secretário do partido. Júlio queria lançar sua candidatura para prefeito e convidou Dr. Romildo para ser seu vice. Na época, Zeca disse que avisou Júlio de que ele seria "chifrado" (12/07/2012). 15 dias após o convite, Zeca viu a ficha de inscrição de Gil Fuccio para as eleições internas: "Aí eu vi que Júlio seria chifrado mesmo, daí!". Na convenção do PMDB, Gil foi eleito para a candidatura a prefeito e Dr. Romildo para vice. A coligação de Gil ganhou as eleições e Júlio ainda chegou a participar do governo. Mas, após certo tempo, segundo Zeca, Gil passou a governar sem o partido e sem o *grupo* de Júlio, que decidiu abandonar o governo e levou com ele mais de 70 pessoas, inclusive Zeca. Júlio fundou o PPS em São Martinho e todo seu *grupo* se filiou ao partido. Entretanto, no novo partido, "Júlio subiu no palco. Só ele falava" (Zeca, 12/07/2012). Zeca então saiu do PPS e fundou o PTB em São Martinho, partido que preside atualmente. Para encerrar, Zeca disse que a briga entre Júlio e Paulo, de um lado, e Gil e Dr. Romildo, de outro, começou política, mas tornara-se pessoal.

Um projeto para a Saúde: a versão de Júlio

Segundo Júlio, em 2009, o prefeito fora lhe "implorar" para que ele assumisse a Secretaria de Saúde (Júlio, 02/01/2013). Júlio estava receoso, porque havia construído uma *família* na direção do Colégio Estadual Cônego Bruno Hamm, após muitos anos de trabalho na instituição. "Neguei uma, neguei duas, mas na terceira vez, aceitei" (idem). Para tanto, precisou convencer sua *família*, esposa e filhos, de que esta era uma decisão acertada, apesar do receio de todos. E, como condição, pediu a Paulo para que tivesse total autonomia na gestão da Secretaria de Saúde, para que colocasse em prática aquilo que havia aprendido na formulação do primeiro Plano Municipal de Saúde, com a ajuda da equipe de Carlos Grossman, em 1991. Assim como Paulo, Júlio traçou toda sua trajetória de "mais 35 anos de vida pública, [onde] construí três *famílias*: uma em *casa*, uma na direção do [colégio] Cônego, e uma na [Secretaria de] Saúde" (idem). Quando assumiu a Secretaria, Júlio queria construir um sistema de saúde que funcionasse e que atendesse a *comunidade*. Foi por isso que manteve Marlos como médico da USF Mirante, pois, apesar de não ser um *médico comunitário* (médico de família e comunidade), Marlos conhecia e era muito atencioso com as *famílias* de sua área. Na mesma direção, achava imprescindível contratar um *médico comunitário* para cuidar da Clínica São Martinho que, quando assumiu, ainda não tinha uma equipe formada. Por isso contratou Luca e, logo depois, Fernando. Vinculando a construção do sistema de saúde de São Martinho à própria chegada dos primeiros alemães à região, e se inserindo na história,[6] Júlio frisou que buscou de todos os modos recursos para a construção de uma terceira USF, que seria construída na Vila das Araucárias. Isto desafogaria a Clínica São Martinho, e ampliaria ainda mais a atenção básica à saúde do município. Entretanto, "por opção de outras pessoas", a unidade jamais saiu do papel.

Compondo governo

A ocupação da administração pública pelo *grupo* de Paulo e Júlio possibilitava o estabelecimento de uma parcela fundamental do governo, que era o controle dos cargos de gestão pública. A partir de então, uma composição de governo passou a ser buscada, desde a contratação de profissionais subordinados à administração pública, até a manutenção das vias de comunicação com os moradores, em especial com aqueles que haviam sido *correligionários* durante a *política*.

Fernando foi contratado neste esforço de composição de governo, já que o antigo médico da Clínica São Martinho era Dr. Romildo, membro do *grupo* rival. Fernando inicialmente ocuparia apenas a vaga de médico da equipe de saúde da família da Clínica, mas acabou sendo indicado por Júlio a ocupar a coordenação clínica do Ambulatório 15 de Abril, posição que, mesmo não sendo própria à administração pública, possibilitava a Fernando organizar a prática de trabalho de boa parte dos profissionais da saúde ligados à Secretaria Municipal da Saúde. Ainda assim, pouco tempo depois de sua contratação, Fernando fora também indicado a ocupar a presidência do Conselho Municipal de Saúde, uma posição que certamente participava da administração pública da saúde em São Martinho.

Além da contratação de novos profissionais, a manutenção das vias de comunicação com moradores era fundamental para a composição de um governo. Como indicado, havia, em São Martinho, dois eixos que colocavam em relação a administração pública e moradores: em um deles, definia-se aqueles que poderiam ser chamados agentes de governo, que poderiam não participar direta-

---

6 Trecho da fala apresentado no Capítulo 2, p. 130-131.

mente da gestão, mas partilhavam, por suas atribuições, do poder de governo; e, em outro eixo, estabeleciam-se as composições em que tais relações poderiam ocorrer, a *política* e o governo. Deste modo, as vias de comunicação que eram estabelecidas durante a *política*, que permitiam a busca por *votos* assim como a agregação de *correligionários*, transformavam-se, no governo, nos modos de relação privilegiados entre moradores e agentes do governo, principalmente através das *notícias*, informações privilegiadas a respeito de políticos, gestores, profissionais ligados ao governo ou mesmo sobre *famílias*. Possibilitavam, também, uma economia das demandas, que poderiam ser geridas através da manutenção das mesmas vias.

A relação estabelecida com moradores através das vias de comunicação fazia parte de um dos dois modos de publicização do governo em São Martinho. As *notícias* faziam circular informações cruciais no modo como eram pensadas medidas administrativas, principalmente quando relacionadas aos moradores, como as políticas de saúde. O segundo modo de publicização do governo se dava pelos espaços oficiais de deliberação pública, como as Conferências de Saúde e os Conselhos de Saúde, que permitiam aos gestores um debate oficial e institucionalizado, constitutivos da própria legalidade constitucional,[7] a respeito de medidas e projetos para a área da saúde, assim como os apresentava aos moradores, em uma ocasião oficial,

---

[7] O art. 198 da Constituição Federal prevê as ações e serviços públicos de saúde como integrantes de uma rede regionalizada e hierarquizada que constituem o SUS, e se organizam de acordo com os princípios da descentralização, integralização e participação da comunidade (Constituição da República Federativa do Brasil, 2005). Neste último ponto, a Lei n. 8.142 de 1990 prevê que tal participação se dê a partir de duas instâncias colegiadas: as Conferências de Saúde e os Conselhos de Saúde, hierarquizáveis de acordo com o ente federativo. De caráter permanente e deliberativo, os Conselhos de Saúde são compostos por representantes do governo, prestadores de serviços, profissionais da saúde e usuários, que participam da formulação de estratégias e do controle da execução de políticas de saúde em cada instância. As Conferências de Saúde, por sua vez, devem se reunir a cada quatro anos, com a participação dos vários segmentos sociais, para avaliar a situação da saúde e formular políticas de saúde nos níveis correspondentes, convocada pelo Poder

regida por um discurso técnico e burocrático. Ambos os modos de publicização do governo se mostravam fundamentais, especialmente em períodos não eleitorais, quando a composição de governo raramente era colocada sob suspeita por opositores ou moradores.

Composições de governo na gestão da saúde

Os espaços de deliberação pública: primeiro modo de publicização

Os espaços e momentos oficiais de deliberação pública mostravam-se fundamentais no modo como o governo buscava tornar pública sua existência. Em várias ocasiões, especialmente naquelas em que se poderia decidir o modelo de atenção à saúde a ser implementado em São Martinho – Conferências, Processos de Participação Popular e Cidadã (PPC),[8] reuniões –, gestores buscavam apresentar aos seus pares as vantagens administrativas de suas propostas, sempre ancoradas por um discurso que se julgava racional ou científico. Neste esforço, Júlio e Fernando assumiam uma parceria constante. Cada qual sabendo da posição fundamental do outro, aquilo que se via era realmente uma situação de controle da gestão, aquilo que Rancière (1996, p. 378-379) chamaria de "razoabilidade", um terreno no qual o que circulava eram as discussões e as deci-

---

Executivo ou, extraordinariamente, pelos Conselhos de Saúde (Conselho Nacional de Saúde, 2013).

8   O Processo de Participação Popular e Cidadã (PPC) integra o planejamento e elaboração do orçamento anual para o estado do Rio Grande do Sul. Seguindo o modelo dos Orçamentos Participativos (OPs), estrutura-se em cinco etapas, que integram Comudes (Conselhos Municipais de Desenvolvimento), Coredes (Conselhos Regionais de Desenvolvimento), as Coordenações Municipais e Regionais de Participação Popular e Cidadã, os Fóruns Regionais e, por fim, o Fórum Estadual, que vota e aloca as prioridades votadas nas demais fases do processo. No nível municipal, o Comude é responsável por chamar o PPC, assim como por apresentar as demandas e as áreas prioritárias de investimento, votadas anteriormente pelos membros do Corede (Secretaria de Planejamento, Gestão e Participação Cidadã, Rio Grande do Sul, 2014).

sões técnico-administrativas, em que Júlio tomava para si a tarefa de decifrar e enfrentar a burocracia necessária à implementação de uma política de saúde, enquanto Fernando, a partir de sua formação profissional e pessoal,[9] trazia para o discurso científico as opções propostas por Júlio, com sua participação.

Os espaços de deliberação era o principal indicativo, também, das relações mantidas entre a composição de governo em São Martinho e as dinâmicas maiores próprias à institucionalidade do SUS. Um emaranhado de relações passava a integrar a composição de governo para constituir e manter aquilo que podia ser chamado de "serviços públicos de saúde de São Martinho". Para Gupta e Ferguson (1992, p. 6-23), os espaços nos quais ocorrem a diferença cultural e social estiveram sempre hierarquicamente interconectados, em vez de naturalmente desconectados, produzindo a diferença a partir da conexão. Deste modo, a própria comunidade se torna uma singularidade, em um espaço interconectado que sempre existiu. Os espaços de deliberação pública traziam à cena aqueles agentes que não participavam diretamente do governo em São Martinho, mas interferiam em sua composição, a partir de suas conexões com gestores municipais.

Duas cenas oferecem um exemplo singular destes espaços de deliberação pública, assim como das relações até então apontadas: a parceria entre Júlio e Fernando; e a relação entre governo e agentes que não atuavam em São Martinho. A primeira delas foi o momento de realização do Processo de Participação Popular e Cidadã (PPC), ocorrido em uma sala do Colégio Estadual Cônego Bruno Hamm. Fernando participou da reunião como Presidente do Conselho Municipal de Saúde e Coordenador Clínico do Ambulatório 15 de Abril. Fernando, assim como Júlio, tinha por objetivo a aprovação dos recursos destinados à Saúde e sua alocação para a construção de uma nova USF, na Vila das Araucárias, projeto em que Júlio e Fernando estavam especialmente engajados em 2011. A reunião, marcada para as 19h, contava com muitos alunos do Colégio Cônego, trazidos por seus professores, muitos deles membros do Conselho Municipal de Educação, para que o quórum mínimo de 30 pessoas fosse atingido.

---

9   Ver Capítulo 1, p. 50-51.

O PPC fora chamado, seguindo seu regimento estadual, pelo Conselho Municipal de Desenvolvimento (Comude).

A proposta original para a Saúde previa investimentos em saneamento básico, reforma nas USFs, assim como investimento em equipamentos para as USFs. No entanto, ao assumir a fala, Júlio chamou a atenção para "um projeto que irá beneficiar toda a população" (Júlio, 08/07/2011). O projeto era justamente a construção de mais uma USF, na Vila das Araucárias, que diminuiria pela metade o número de pacientes da Clínica São Martinho – que atendia, durante todos os meus períodos de trabalho de campo, cerca de 4.000 pessoas. Logo após a fala de Júlio, Fernando pediu a palavra, e completou seu discurso falando sobre as vantagens do modelo de atendimento proposto pela Estratégia Saúde da Família, assim como pela medicina de família e comunidade,[10] comparando-os com o modelo de atendimento proposto pelo sistema público de saúde britânico, apontando suas vantagens administrativas, em especial o baixo custo que o modelo de promoção à saúde possibilitava, assim como a proposta educacional vinculada ao sistema.

A segunda cena descritiva foi a realização do III Seminário Municipal de Saúde de São Martinho. O evento foi realizado num sábado de manhã, na quadra do Salão Paroquial, na qual se encontravam pouco mais de 50 moradores. Além de Júlio e Fernando, o evento contou com a presença de Lúcio, coordenador de regiões e microrregiões da Secretaria Estadual de Saúde do RS – que estava ali como representante da Secretaria Estadual – e Otávio, então administrador do Hospital Geral de Germana, responsável por boa parte das referências médicas[11] de São Martinho. Carlinhos, presidente do Conselho de Assistência Social e líder comunitário do Alto da

---

10   Sobre a ESF, ver Introdução, p. 11-13. Sobre a Medicina de Família e Comunidade, ver Introdução, p. 23, nota 11.

11   As referências e contrarreferências organizam o sistema de encaminhamento médico para outros níveis de complexidade do SUS (Finkelsztejn *et al.*, 2009). Em São Martinho, o primeiro nível de referência era o Hospital Geral de Germana, responsável por internações, exames e cirurgias de baixa complexidade para pacientes de São Martinho.

Graça,[12] também estava presente. Do Alto da Graça, provinham também boa parte dos 50 moradores resentes, trazidos por Carlinhos.

Júlio, primeiro a falar, tratou a respeito do "atendimento humano" que a Estratégia Saúde da Família poderia gerar. A ESF, segundo Júlio, "deve cuidar da pessoa, da pessoa humana" (*idem*). Júlio apresentou alguns números do sistema de saúde de São Martinho – como o aumento que havia existido no número de exames realizados – e terminou sua fala frisando que "a gente faz o que é possível, não o que é impossível" (*idem*). Em seguida, Fernando iniciou sua fala frisando que "confiaria a vida de meu filho ao secretário Júlio" (Fernando, 09/07/2011). Sua fala frisou, sobretudo – assim como já havia feito na reunião do PPC – na comparação do SUS com o sistema britânico de saúde pública. Para Fernando, tal sistema é aquele que oferece o melhor modelo de gestão da saúde no mundo, especialmente por focar na atenção básica e no sistema paritário de administração.

Para Otávio, que tomou a palavra após Fernando, todos os princípios do SUS não passavam de "letra morta" (Otávio, 09/07/2011). Não havia investimento e, geralmente, não havia sequer os recursos para as internações acordadas com os municípios em que o hospital é referência de exames, internações e cirurgias. Lúcio, em compensação, em resposta a Otavio, disse que acreditava no SUS e que, para ele, este sistema era o melhor plano de saúde existente no país, pois era o único que não exigia carência. Lúcio apresentou os dados de investimento em saúde e propunha a implantação do prontuário digital e integralizado, que pudesse ser acessado em USFs, UBSs, hospitais e pronto-atendimentos. Esta era uma das reivindicações de Júlio e Fernando, que já possuíam um sistema similar interno a São Martinho, mas não com os demais níveis de atendimento.

Três aspectos se tornam visíveis, como indicado, nas cenas de deliberação pública: o primeiro deles é uma composição de governo que contava com agentes que não atuavam no município de São Marinho; o segundo era a parceria estabelecida entre Júlio e Fernando; e, por fim, o terceiro aspecto era justamente este modo específico de publicização do governo, que eram os eventos de deliberação pública.

---

12   Ver Capítulo 2, p. 119-120.

O primeiro aspecto era justamente uma composição de governo que contava com agentes que atuavam para fora dos limites municipais de São Martinho. Particularmente nas esferas administrativas da gestão da saúde pública, o governo contava com gestores que atuavam em outros municípios, como Germana e Porto Alegre, mas participavam ativamente do modo como se organizava o sistema de saúde de São Martinho, interferindo no repasse de verbas, como Lúcio, ou mesmo na disponibilidade de leitos para internações, como Otávio. Neste sentido a gestão da saúde em São Martinho não podia ser chamada de local, e muito menos de regional ou estadual. Organizava-se pela singularidade própria a uma composição de governo que, na divisão que estabelecia entre agentes de governo e moradores, integrava àquela primeira classe gestores e administradores que atuavam a distância.

Em relação à parceria entre Júlio e Fernando, o segundo aspecto visível nos eventos deliberativos, observa-se a mesma singularidade de composição de governo, marcada, entretanto, por uma complementaridade de discurso, que se mostrava eficaz na busca por objetivos administrativos. Em primeiro lugar, boa parte da relação entre Fernando e Júlio se constituía a partir daqueles enunciados que Fernando chamava de *ciência* (Fernando, 06/07/2011), isto é, a partir daqueles enunciados que ele próprio classificava enquanto científicos e que eram também por ele acionados em suas consultas. Se no cotidiano da Clínica São Martinho a *ciência biopsicossocial* preponderava sobre os demais enunciados, nos espaços de gestão era a epidemiologia que ganhava destaque nas falas de Fernando, especialmente naqueles casos em que a justificativa baseava-se na comparação de números. A comparação entre os modelos do SUS e do sistema de saúde britânico baseava-se especialmente nos números de internações e gastos que ambos os sistemas mantinham com seus pacientes, a fim de provar, ao final da equação, que o modelo de atenção básica e da promoção à saúde proposto pela ESF minimizava o custos do sistema, assim como obtinha os melhores resultados quando os dados levavam em conta a qualidade de vida da população atendida.

A *ciência*, neste caso, formava a fala pública composta por Júlio e Fernando. A isto se juntava o conhecimento burocrático de que

Júlio obtivera em sua longa carreira administrativa, com a função expressa de justificar as opções tomadas e propostas pela administração da saúde pública de São Martinho. Dias antes da III Conferência Municipal de Saúde e do PPC, acompanhei uma reunião entre as equipes da Clínica São Martinho e da USF Mirante, convocada por Fernando, enquanto coordenador clínico do Ambulatório 15 de Abril, da qual Júlio também participava. Para justificar a proposta de Júlio de fechar o Ambulatório 15 de Abril, caso fosse aprovada a proposta de construção da USF da Vila das Araucárias, Fernando fez uso da *ciência* (06/07/2011) para justificar a proposta de Júlio, que, segundo ele, abarcava o problema pelo lado da promoção à saúde e não da cura à doença. A *ciência*, neste caso, possibilitava, também, que as objeções a Júlio, comuns tanto dentro como fora da administração pública, fossem redirecionadas e questionados por um enunciado que acionava uma legitimidade que não poderia ser posta à prova por todos: não era mais de burocracia e de recursos que se tratava, mas de *ciência*.

Na mesma relação, o conhecimento da organização burocrática das esferas de gestão e as alianças políticas de Júlio permitiam a Fernando pôr em prática suas propostas administrativas, fosse no Conselho Municipal de Saúde, fosse nas Conferências Municipais de Saúde, ou ainda nas reuniões com as equipes de saúde da família. Uma gestão do sistema público de saúde que levasse em conta medidas tomadas "em nome da ciência" (Stengers, 2002, p. 135-157) necessitava, de uma forma ou de outra, de uma associação a espaços de poder para que se fizesse possível, para que o agenciamento gerado pelo argumento "racional" (Stengers, 2002, p. 99-107) pudesse se realizar. E estes espaços estavam disponíveis a Fernando em sua parceria com Júlio.

Por fim, o terceiro aspecto que se fez visível na reunião do PPC e na III Conferência Municipal de Saúde era justamente a singularidade deste modo de publicização do governo. Em ambas as cenas, duas situações expressaram a especificidade destes eventos: na reunião do PPC, boa parte do público presente havia sido levado pelos próprios professores do Colégio Estadual Cônego Bruno Hamm, local do evento, para que se atingisse o quórum mínimo necessário para validação da reunião; na III Conferência Municipal de Saúde, o público fora levado, em sua maioria, por Carlinhos, líder comunitário do bairro Alto da Graça. Os espaços de deliberação pública eram, então, um modo de publicização do governo próprios aos gestores, no qual o público ali presente compunha, antes de tudo, um requisito constitucional e legal para sua validação. Isto não implica que não houvesse outros meios pelos quais moradores pudessem canalizar suas demandas: apenas se dava, principalmente, pelo segundo modo de publicização do governo, as vias de comunicação.

As vias de comunicação: segundo modo de publicização

As vias de comunicação entre gestores e moradores, ou, de modo mais geral, entre agentes de governo e moradores, compunham a segunda forma de publicização do governo. Essas vias eram compostas por relações pessoais entre agentes e moradores, geralmente a partir de uma relação prévia com *correligionários* na época da *política*. Elas permitiam que se operasse toda uma economia das demandas, através de trocas pontuais entre agentes de governo e moradores, que poderiam ser variadas, como a viabilização de atendimento médico ou pequenos reparos em vias públicas. Desse modo, integravam moradores na composição de governo, a partir desta mesma economia crucial para a manutenção de uma regularidade administrativa. Permitiam também um canal de *notícias* que *corriam* por entre moradores e agentes de governo, e permitia que se estabelecessem estratégias na ação de governo. Muitas vezes, eram justamente as relações entre gestores e moradores que fornecia matéria para as *notícias* que passavam a *correr* por São Martinho, mas havia também *notícias* da *política*, quando esta passava a ser a preocupação de muitos martinenses.

"Esse é o problema de São Martinho! As pessoas estão acostumadas a pedirem tudo para os políticos em vez de usarem os mecanismos adequados..." (Fernando, 15/01/2013). Quatro dias antes de Fernando me dizer isto, um acidente ocorrera em frente à casa de Emília, que me alugava seu *porão*. Uma amiga de Fernando havia se acidentado seriamente em um bueiro que fica em frente à casa de Emília, e que há algum tempo estava destampado por conta de outro acidente. Fernando rapidamente foi ao seu encontro para prestar os primeiros socorros e, logo depois, levou-a até o ambulatório para que fosse encaminhada para algum hospital próximo. Ainda na mesma noite, Emília contou que já havia ligado mais de uma vez para Leonardo, então vice-prefeito de São Martinho, para que ele pudesse resolver a situação do bueiro, mas nada havia sido feito. Quatro dias depois, com a situação normalizada, Isabel nos contou, a mim e a Fernando, quando estávamos em sua casa, que já havia conversado com Leonardo sobre a situação e ele prometera que no mesmo dia o bueiro estaria tampado. A resposta de Fernando foi a descrita no início do parágrafo.

A publicização própria às vias de comunicação constitui aquilo que Marques, Comerford e Chaves (2007, p. 47-48) chamaram de "campo de comunicação", como uma arena pública que não partilha da institucionalidade dos espaços de deliberação pública, mas se constitui por estes canais que permite a realização de demandas e de trocas, entre agentes de governo e moradores. Algo próximo do que Cefaï (2011, p. 67-102) chamou de "arena pública", como um conjunto de cenas situacionais, dispersas entre si, que colocavam em relação atores diversos e abria a possibilidade para a realização de demandas. As vias de comunicação possibilitavam a circulação de demandas por parte dos moradores, mas sempre com a contrapartida da troca, que geralmente se constituía no apoio e na garantia do voto da *família* quando chegasse a época da *política*. A relação era de tal modo clara para os martinenses que, nas *notícias* que *corriam* a respeito de agentes de governo que se dispunham a aceitar demandas de moradores, era projetada uma situação futura comum, aquela em que tais agentes seriam candidatos nas próximas eleições. Duas cenas expressam bem esta relação, ocorridas com Fernando.

A primeira situação se deu após um dia de expediente na Clínica São Martinho, quando Fernando e eu fomos comprar uma pizza em um restaurante que ficava próximo ao Ambulatório 15 de Abril. Enquanto esperávamos a pizza, uma das atendentes do restaurante, paciente de Fernando na Clínica, pediu para lhe trocar algumas palavras. A atendente aguardava por uma cirurgia que poderia ser realizada em Germana, mas que não havia data prevista. Através de consulta realizada com outro médico, ela havia conseguido a guia de realização da cirurgia que, entretanto, necessitava da assinatura de Fernando para a internação, já que era ele o responsável por aquele caso. Saindo do restaurante, Fernando comentou o fato dos moradores, cada vez mais, lhe interpelarem fora do espaço da Clínica São Martinho, o que lhe incomodava bastante.

A segunda situação se deu um dia após o pedido feito pela atendente, quando almoçávamos no mesmo restaurante. Fernando mais uma vez atendia um paciente do lado de fora do restaurante, o que um de seus funcionários comentou: "o Dr. Fernando tinha que sair para vereador" (25/07/2012). O funcionário ainda completou que Fernando falava com todo mundo na cidade, que gostava de falar. No momento em que Fernando finalmente adentrou ao restaurante, reclamou mais uma vez da interpelação que sofria por parte dos moradores, mas que não havia muito o que ser feito, já que uma recusa em ouvir um morador poderia ser encarada muito pior do que uma conversa.

As *notícias* que circulavam pelas vias de comunicação conjecturavam, então, também sobre a possibilidade de agentes de governo laçarem-se candidatos nas próximas eleições, principalmente se deles se conseguisse a viabilização de alguma demanda, sempre calculada na perspectiva de uma troca, na qual a contrapartida seria a garantia do *voto* durante a *política*. Deste modo, as vias de comunicação, enquanto canais que permitiam que moradores participassem de uma composição de governo a partir de trocas e demandas, assim como enquanto o modo privilegiado pelo qual o governo ganhava publicidade pelas *notícias* que *corriam* pela cidade, eram também aquilo que governo e *política* partilhavam, isto é, canais que permitiam uma economia das demandas, assim como a garantia do *voto*.

Durante a *política*, a disputa entre os *grupos* passava a se dar na busca pela garantida do *voto*. Os *votos* eram medidos por *casas* ou por *famílias*, unidades mínimas da disputa, que transferiam para seus membros a agência do *voto*. A busca se dava principalmente pelas vias de comunicação previamente existentes entre agentes de governo e moradores, que eram chamados a atuar como *correligionários* políticos, assim como toda a sua *família*. A *política*, por mim acompanhada nas eleições municipais de 2012, em que concorriam à reeleição, para prefeito e vice, Paulo e Leonardo[13], e tinham como

---

13 Que formavam a coligação "São Martinho Segue Progredindo", entre PP, PSDB, PSB e PDT.

opositores Gil e Dr. Romildo[14], reorganizaria a composição de governo até então observada na gestão pública da saúde em São Martinho, a as consequências deste período mostraram-se visíveis em toda a organização dos serviços municipais de saúde, desde a Secretaria de Saúde até à equipe de saúde da Família da Clínica São Martinho.

A *POLÍTICA* E A GESTÃO DA SAÚDE

Em julho de 2012, quando os *grupos* já se organizavam para a disputa eleitoral, as *notícias* acerca da *política* passavam a ser o principal objeto circulado pelas vias de comunicação. As informações a respeito das eleições municipais podiam ser ouvidas em todo canto da cidade, ainda que não coubesse a todos a tarefa de transmiti-las. As vias de comunicação existentes entre agentes de governo e moradores passavam a compor, na *política*, vias privilegiadas de *notícias*, que tratavam sobre uma variedade de questões, que eram objeto privilegiado de *correligionários*, agentes de governo e candidatos. Como cada *casa* e cada *família* entrava na disputa pelo *voto*, um debate público passava a existir na época da *política*, naquela publicidade singular criada pelos conflitos que envolviam *famílias*, *parentes* e conhecidos, além dos *grupos* em disputa (Marques, Comerford e Chaves, 2007, p. 33-40). Aqueles que transmitiam as *notícias*, não necessariamente se envolviam na disputa – ao menos, não publicamente. No caso inverso, entre aqueles que tomavam partido na disputa, às *notícias* seguiam-se os *avisos*, geralmente dirigidos àqueles que se supunha ser membro ou *correligionário* do *grupo* rival, que não possuíam autoria reconhecida.

A *política* não implicava apenas a existência do período eleitoral.[15] Como indicado, a *política* tratava-se de um intervalo temporal em que desavenças e fronteiras eram atualizadas pela disputa eleitoral, que possibilitava a formação dos dois grupos rivais de São Martinho – o *grupo* de Paulo Ritter e Júlio e o *grupo* de Gil Fuccio e Dr. Romildo –, pelos quais se associavam *famílias*, candidatos e

---

14   Que formavam a coligação "São Martinho Para Todos", entre PMDB, PT e PTB.

15   Segundo a "Lei das Eleições" (Lei nº 9.504 de 30 de setembro de 1997), o período eleitoral implica os três meses que antecedem às eleições.

agentes de governo. A *política* situava-se naquele segundo eixo pelos quais se distribuíam as vias de comunicação e se apresentava, assim como o governo, como uma composição singular. Neste sentido, *política* se aproxima muito mais daquilo que Palmeira (1996, p. 42-43) definiu como época da política, como um recorte social do tempo, em que desavenças e brigas, assim como facções, eram atualizadas na disputa eleitoral. Borges (2003, p. 95-97) também oferece um sentido próximo ao termo, ao analisar como as cores utilizadas por candidatos na disputa pelo governo do DF passavam a atualizar uma nova iconografia política, isto é, passaram a servir de índices políticos, o que modulou toda a disputa em vermelho (Cristovam Buarque) e azul (Joaquim Roriz).

Enquanto uma composição singular que permitia a relação entre agentes de governo e moradores, a *política* agia diretamente nas estratégias tomadas por gestores no que tocava os problemas e questões próprias à administração pública. No caso dos gestores e profissionais envolvidos diretamente na administração pública da saúde de São Martinho, a *política* alterava sensivelmente a formulação de projetos e de medidas administrativas, já que, mais do que qualquer outro tema presente na disputa política, os serviços públicos de saúde de São Martinho eram passíveis de "decodificação em termos de lógicas operativas" (Marques, Comerford e Chaves, 2007, p. 28). As medidas tomadas no âmbito da administração da saúde, durante a política, não agiriam apenas no modo como o governo se compunha: eram passíveis de uma decodificação estratégica, operacionalizada no momento da disputa eleitoral, assim como passavam a ser objeto de *notícias* e *avisos*, que poderiam privilegiar justamente o *grupo* rival. Deste modo, durante a *política*, era sobre política que pensavam os agentes de governo.

"Política é brincadeira!": a disputa no cotidiano

Paulo falava a respeito de um caso específico quando pronunciou a frase acima citada: a não realização de cirurgias eletivas[16] para pacientes de São Martinho, por parte de Germana, o primeiro nível

---

16 Cirurgias que podem ser programadas e não necessitam a intervenção médica imediata, o que as distingui das cirurgias de urgência. Ver Carvalho e Gianini (2008).

de referência do município. O caso se tornou o principal objeto das *acusações* dirigidas ao *grupo* de Paulo e Júlio. Do mesmo modo, o *grupo* de Paulo e Júlio acusava o *grupo* de Gil e Dr. Romildo de interferirem diretamente na busca de uma solução para o caso, o que estaria prejudicando todos os moradores de São Martinho. O caso se tornou uma preocupação cotidiana de Júlio e Paulo, assim como de Fernando, que viam em sua solução uma das principais condicionantes para a vitória eleitoral.

Duas versões tratavam a respeito daquilo que havia iniciado o caso. A primeira delas, de Júlio, dizia que Hospital Geral de Germana havia firmado um contrato com São Martinho que previa, segundo Júlio, a realização de três cirurgias eletivas por mês para pacientes do município. Por uma série de razões que jamais foram a mim especificadas, havia dez meses que o Hospital não realizara qualquer cirurgia para um paciente de São Martinho, o que levou Júlio a propor no Conselho Municipal de Saúde que, enquanto a situação com Germana não se regularizasse, o município procurasse outra solução para a fila de pacientes a espera de cirurgias, que já era de mais de 50 pessoas. A solução encontrada foi utilizar os recursos recebidos pela participação no programa "Nota Solidária", parte do programa "A nota é minha"[17], para contratar os serviços de um hospital ocioso em Salto dos Cisnes, que aceitou fechar um contrato de sete cirur-

---

17 O programa "A nota é minha" é coordenado pelo Gabinete do Governador do RS, com o apoio da Secretaria da Fazenda, Secretaria de Saúde, Secretaria do Trabalho, Secretaria de Assistência Social e Secretaria de Educação. Pretende estimular o consumidor a exigir o cupom ou nota fiscal e, como contrapartida, oferece, através do programa complementar "Nota Solidária", a chance do consumidor concorrer a prêmios, sorteados trimestralmente. Para tanto, o consumidor deve trocar suas notas por cartelas com entidades inscritas no programa, que envolve entidades públicas e sociais, escolas e hospitais. As entidades que mais realizarem trocas com os consumidores acumulam pontos e, quanto mais pontos, mais concorrem aos recursos que serão disponibilizados pelo programa que somam, no total, 13,2 milhões de reais (Secretaria da Fazenda do RS, s/d). Em julho de 2012, São Martinho conseguira arrecadar 35 mil reais com o programa, que seriam utilizados para o pagamento das cirurgias em Salto dos Cisnes.

gias por mês a um custo de nove mil reais. No entanto, o promotor da Justiça Eleitoral de Germana impediu o fechamento do contrato sob acusação de crime eleitoral, baseado no artigo 73 da "Lei das Eleições"[18], que impede qualquer fechamento de contrato durante o período eleitoral ao gestor público que estiver se candidatando a um cargo eletivo. Segundo Júlio, isto acabou ocorrendo pela demora de Germana em definir uma situação em relação às cirurgias eletivas.

A segunda versão para o início do caso me foi contada por Fernando. Segundo sua versão, a procura por Salto dos Cisnes se iniciara bem antes do período eleitoral, assim que os atrasos de Germana somaram mais de dois meses. Foi então que o assunto foi levado para o Conselho Municipal de Saúde e decidido que Salto dos Cisnes seria uma boa alternativa a Germana. No entanto, algumas semanas antes do período eleitoral, o vice-prefeito de Germana teria ido a São Martinho participar de uma reunião do Conselho Municipal de Saúde, afirmando que Germana possuía todas as condições para atender a demanda de cirurgias dos martinenses. Além disso, o mesmo vice-prefeito teria procurado cada vereador da oposição de São Martinho, individualmente, e os convencido de que Salto dos Cisnes não seria uma opção viável. Foi então que os vereadores se opuseram à decisão do Conselho e deixaram claro, segundo ambas as versões da história, que denunciariam Paulo à Justiça Eleitoral caso ele assinasse o contrato em julho de 2012, isto é, dentro do período eleitoral.

O impedimento do fechamento do contrato com Salto dos Cisnes afetava diretamente a organização do sistema público de saúde de São Martinho, que não possuía leitos para a realização de cirurgias no próprio município. Do mesmo modo, afetava diretamente as estratégias e os modos como os *grupos* passavam a disputar *votos* durante a *política*: segundo Júlio e Fernando, os membros do *grupo* de Gil e Dr. Romildo haviam *avisado* que denunciariam Paulo à Justiça Eleitoral caso ele insistisse no contrato com Salto dos Cisnes, o que certamente poderia se tornar um objeto de acusação a Paulo e Júlio, principalmente pela fila de pacientes à espera de ci-

---

18   Um dos artigos que tratam "Das Condutas Vedadas aos Agentes Públicos em Campanhas Eleitorais" da Lei nº 9.504 de 30 de setembro de 1997. O período considerado pela lei como período de campanhas eleitorais compreende os três meses que antecedem as eleições.

rurgias. Deste modo, a solução para um problema propriamente administrativo, constitutivo do governo, tornava-se sem dúvida uma questão da *política*. Paulo percebera isto ainda no início da campanha, momento em que, na companhia de Fernando, buscava uma solução para o caso.

Acompanhei uma destas ocasiões, um almoço entre Paulo e Fernando. Paulo estava preocupado com o caso de Salto dos Cisnes, pois achava que as consequências acabariam sendo depositadas nele. Segundo um promotor da Justiça Eleitoral que ele havia consultado, ele corria basicamente dois riscos: ou ter sua candidatura cassada, caso assinasse o contrato, ou perder algum paciente pela falta de cirurgia. Havia, contudo, uma solução viável para o caso: cada paciente levaria seu caso ao Ministério Público de Germana, com um laudo de Fernando atestando a necessidade da realização da cirurgia. O Ministério Público, então, acionaria a prefeitura de São Martinho para exigir que a cirurgia fosse realizada e, com a ordem judicial, o município seria obrigado a pagar a cirurgia, mesmo em período eleitoral. Paulo ainda *avisou* Fernando que a oposição certamente incitaria a população a agendarem mais consultas nas USFs, em busca de uma inaptidão do município em atender tal demanda. Por isso, pediu para que Fernando, assim como já havia pedido aos demais médicos do município, aumentasse o tanto quanto possível o número de atendimentos que ele realizava por dia. Por fim, dirigindo-se a mim, disse: "Tem muita gente que se aproveita da ingenuidade do povo. Sabe, eu sou muito sincero com o Dr. Fernando. *Política* é brincadeira..." (Paulo, 11/07/2012).

Em tempos de *política*, as estratégias para a manutenção de uma composição de governo, que dependia, sobretudo, da vitória eleitoral, possuíam sua própria lógica de operação. A proposta de estimular cada paciente a acionar o Ministério Público de Germana contra a Prefeitura de São Martinho tinha como objeto de preocupação a disputa eleitoral. Permanecer ocupando os cargos da administração pública dependia em grande medida de lhe oferecer de alvo para o Ministério Público, para, em contrapartida, defendê-la das acusações que poderiam ser estimuladas pelo *grupo* rival. Do mesmo modo, o número de atendimentos da Clínica São Martinho e da USF Mirante era tido como crucial para a disputa política. Governo e *política* mantinham, deste modo, e apesar da singularidade de suas composições, uma relação íntima, sobretudo quando buscava se manter aquilo que era próprio ao governo, como os espaços de administração pública e as vias de comunicação como os moradores. O caso do contrato com Salto dos Cisnes ameaçava a manutenção destes dois aspectos, primeiro, pela derrota eleitoral e, segundo, pela atribuição da fila de espera por cirurgias a uma falha da Prefeitura. Neste ínterim, Fernando envolveu-se ativamente na busca por uma solução.

Acompanhei este envolvimento na visita que Fernando realizou ao promotor do Ministério Público de Germana, a pedido de Paulo e Júlio. Fernando repassou a solução apontada por Paulo, de encaminhar pacientes a procuraram o Ministério Público, no que o promotor disse que era "dar uma volta na lei, criar um monstro para sair da solução mais fácil" (12/07/2012). Em sequência, disse ainda que a solução apontada por Paulo também era parcial, já que pagar cada cirurgia por ordem judicial não sairia o preço de um pacote fechado, e que as sete cirurgias por mês, acordadas com o hospital de Salto dos Cisnes, se transformariam em duas ou três pelo mesmo valor.

O caso com Salto dos Cisnes era uma questão de *política*, e, sendo assim, passava por uma contenda entre os *grupos* que disputavam *votos* em São Martinho. Deste modo, uma questão surgida no interior de um espaço constitutivo da composição de governo era problematizada em termos de lógicas e estratégias próprias à *política*, o que transformava toda proposta administrativa em objeto de *notícias*, assim como todo empecilho de gestão em temas para acusações e *avisos*. Mesmo aqueles que não disputavam cargos e *votos* durante a *política* sabiam que, após as eleições, seriam vinculados à participação em algum dos *grupos* rivais, o que era especialmente delicado para os profissionais contratados pela administração pública, como Fernando. Sua participação no caso do contrato com Salto dos Cisnes se dava certamente por seu interesse em seus pacientes, mas também pelo fato de uma série de *notícias* o vincularem ao *grupo* de Paulo e Júlio, ao que se seguiam os *avisos* de que, caso Gil e Dr. Romildo saíssem vitoriosos das eleições, ele certamente seria demitido. Valendo-se dos canais oferecidos pelas vias de comunicação, as *notícias* e os *avisos* possibilitava a dimensão pública da disputa eleitoral.

As *notícias* e os *avisos* durante a *política*

"Nessas situações, a gente faz coisas que não faria normalmente..." (Fernando, 26/12/2012). Essa foi uma das primeiras frases ditas por Fernando, no final de 2012, para descrever a *política*. Segundo seu relato, Paulo tinha uma grande vantagem sobre Gil Fuccio. No entanto, quanto mais se aproximava o dia das eleições, mais comum se tornava a demanda por votos, de ambos os lados. E mesmo não querendo assumir posição em quaisquer dos *grupos*, Fernando, por fim, participou de um dos comícios de Paulo, segundo ele, após ouvir que Gil *mandou avisar*, assim como seu vice, Dr. Romildo, que ele seria demitido no mesmo instante em que se iniciasse a transição do governo. Foi então que Fernando, justificando sua opção, concluiu que na *política* se faz coisas que não se costuma fazer em outras épocas.

As desavenças políticas eram lembradas a partir das *notícias* e dos *avisos* que circulavam sobre a *política*, que atuavam como uma suposição nunca evidente e de autoria incerta. Eram através destas suposições que se faziam as conjecturas sobre a *política*, sobre as vantagens de alguns candidatos sobre outros, assim como sobre suas estratégias eleitorais, como a *compra de votos*, assim chamada a demanda por *votos* que tinham como princípio a troca. A troca mais usual na *compra de votos* eram os *ranchos*, as cestas básicas. A *compra de votos* geralmente se dava entre aqueles que eram *correligionários* dos *grupos*, que se firmava como uma troca de garantia, mas ocorria também entre aqueles que pudessem já ter declarado seu *voto* ao *grupo* rival, geralmente na busca de *votos de* última *hora*, buscados entre aqueles eleitores dispostos a realizarem a troca nos dias próximos às eleições, especialmente no dia anterior ao pleito. As *notícias* da *política* faziam suas conjecturas tomando como índice da disputa principalmente os *votos* declarados por cada *família*, assim como os *votos* conseguidos por cada *grupo*. Os *avisos*, por sua vez, atuavam como operadores estratégicos da disputa, circulavam informações que buscavam desequilibrar a disputa, como acusações, ameaças e previsões de vitória.

Em uma visita na qual eu acompanhava Sônia, ela comentou: "A *política* aqui dura quatro anos" (Sônia, 26/07/2012). A frase de Sônia foi dita após contar que Fernando pensava construir uma casa em São Martinho, mas achava melhor esperar acabar a *política*, pois se Gil e Dr. Romildo ganhassem, "era certo" que Fernando seria demitido. Sônia ainda comentou sobre o *voto de última hora*. No dia anterior às eleições o único som que se ouve em São Martinho é o barulho dos carros de *correligionários* e membros do um *grupo* atrás de quem quisesse *vender voto de última hora*, e atrás deles os carros do *grupo* rival para evitar que isso acontecesse, e vice-versa. A moradora que Sônia e eu visitávamos disse que uma vez já colocou "gente de partido pra fora de casa" (26/07/2012). A troca mais comum dos *votos de* última *hora* também era o *rancho*.

    A validade de um *aviso* dependia, em grande medida, das *notícias* que *corriam* sobre a *política*. Um *aviso* que circulasse a informação de que Fernando seria demitido, dissociada de uma *notícia* de que Gil e Dr. Romildo possuíam grandes possibilidades de vitória eleitoral, dificilmente levaria Fernando a participar de um comício. E foi isto que ocorreu, em um dia da época da *política*: um taxista contou para Fernando que já *comprara* cinco *votos* para Gil, e que conseguiria ainda mais. Do mesmo modo, eram regulares os *avisos* de que Fernando seria demitido, que eram sempre fundamentados pelo acirramento na disputa eleitoral. Deste modo, conseguir que uma *família* declarasse o *voto* em algum dos *grupos* era fundamental para a possibilidade de vitória, mas também era crucial para as estratégias que buscavam desequilibrar a disputa, através das *notícias* que tornavam públicos os *votos* garantidos, assim como dos *avisos* que conjecturavam sobre o futuro pós-eleitoral.

    Isabel, que também havia declarado apoio ao *grupo* de Paulo e Júlio, me contou a respeito da busca por *votos*. Como explicou, não era apenas na busca dos *votos de última hora* que os *correligionários* de cada *grupo*, inclusive próprios candidatos, visitavam cada *família* em suas *casas*. Muito pelo contrário, durante toda a campanha, membros de cada *grupo* iam de *casa* em *casa* confirmar o *voto* da *família*. Quando lhe perguntei qual a dimensão da *família*, Isabel disse que isto variava de caso para caso: às vezes, *família* implicava os moradores da mesma *casa*, mas, em outras ocasiões, "era a família inteira mesmo" (Isabel, 30/12/2012), na qual se agregava, também, os *parentes*. Mesmo não sendo natural do Rio Grande do Sul, Isabel, assim como Fernando, votaram em São Martinho nas eleições de 2012, pois "cada voto conta" (*idem*).

Quando finda a época da *política*, Paulo e Leonardo conseguiram reeleger-se prefeito e vice-prefeito de São Martinho. A partir de então, todo um trabalho de reorganização dos funcionários e gestores ligados à administração pública passou a ser realizado. Entre aqueles que possuíam uma posição de destaque no *grupo*, mas que haviam sido alvos constantes das acusações do *grupo* rival, como Júlio, o principal responsabilizado pelo caso do contrato com Salto dos Cisnes, uma nova função lhes foram oferecidas, de menor destaque: no caso de Júlio, uma nova secretaria foi criada para lhe abrigar, a Secretaria de Planejamento e Assistência Social. Entre aqueles funcionários ou gestores que, além de não possuírem uma posição de destaque no *grupo*, ainda eram acusados de ter declarado *voto* ao *grupo* rival, a principal medida foi o desligamento ou a demissão. Uma nova composição de governo passou a se formar no período pós-eleitoral, na qual Fernando assumiria uma posição de maior destaque.

Pós-eleições: a saúde nas linhas da família e do governo

Voto, famílias e demissões na Saúde

> No momento em que Nanci saiu da recepção, Amanda falou bem baixo: "politicagem!" (Caderno de Campo, 27/12/2012).

A "politicagem" expressava, em signo negativo, uma nova composição de governo, que devia à *política* o modo como organizava funcionários e gestores pelos espaços da administração pública. A queixa de Amanda devia-se ao fato de que, nesta nova composição, cinco funcionários ligados à equipe de saúde da família da Clínica São Martinho haviam sido demitidos: dentre estes, duas das quais haviam se tornado minhas interlocutoras de pesquisa, Sônia, agente comunitária de saúde, e Lúcia, enfermeira da Clínica. As demissões no período pós-eleitoral eram creditadas às acusações que indicavam que tais funcionários haviam declarado *voto* ao *grupo* de Gil e Dr. Romildo. Neste ínterim, dizia-se que Lúcia e Sônia apoiaram

Gil e Dr. Romildo na época da *política*, assim como Cida, auxiliar de enfermagem da Clínica, que, no entanto, não fora demitida. Na comensuração dos *votos* pelos *grupos*, como já foi apontado, a unidade mínima da disputa era a *família*, e a agência do *voto* dificilmente era subdividida por entre seus membros. A queixa de Amanda centrava-se neste ponto: Sônia não declarara seu *voto* a Gil, mas sim sua *família*, assim como Lúcia não mantinha relações diretas com o *grupo* de Gil, mas sim o seu noivo, o que implicou em suas demissões.

Aquele que mais se dizia preocupado com a repercussão das demissões era Fernando, que se mostrava preocupado com a instabilidade que isto poderia causar na relação entre moradores e a Clínica São Martinho, principalmente por sua proximidade em relação a Paulo, o que poderia lhe tornar alvo das acusações daqueles contrários às demissões. Fernando garantia que as demissões não passaram por seu crivo, o que o preocupava, já que sua posição de presidente do Conselho Municipal de Saúde e de coordenador clínico do Ambulatório 15 de Abril fora desconsiderada nesta decisão.

As demissões, como uma medida que afetava diretamente a composição de governo em São Martinho, derivavam, ainda, de uma lógica operacional própria à *política*: levavam em conta a distribuição dos *votos* declarados a um ou outro *grupo*, entre os quais, tal apoio, derivava antes da agência de uma unidade mínima da *política*, que eram as *famílias* e as *casas*. Estas unidades, operadas conforme cada situação da disputa política, implicavam naqueles que a compunham a agência do voto, salvo operações igualmente delicadas pelas quais se pudesse dissociar tal agência. Palmeira (1996, p. 51) ao observar uma realidade similar, analisou tal situação como constituinte de um "voto múltiplo", aqueles votos que certamente contabilizariam outros tantos. Os *votos* das *famílias* em São Martinho eram contabilizados desta forma, como implicando a mesma agência do voto em todos seus membros, o que permitia um mapa daqueles apoios dirigidos a cada *grupo*.

A respeito de Lúcia, era certo para Cida que ela havia sido demitida por ser noiva de Humberto, importante *correligionário* de Gil Fuccio, que quase candidatou-se como seu vice-prefeito. Em relação aos agentes comunitários de saúde, suas demissões foram causadas pela participação de suas *famílias* na campanha de Gil e Dr. Romildo, mais do que a participação dos próprios agentes. O caso mais emblemático, por ser a agente há mais tempo em serviço, era o de Sônia. Em nenhum momento, durante a *política*, Sônia expressou preocupação em ser demitida e, muito pelo contrário, atentava para Fernando não participar da disputa. Ainda assim, segundo Cida, o pai de Sônia envolveu-se ativamente na campanha de Gil e Dr. Romildo e, partindo do princípio que toda sua *família* votaria com seu *grupo*, Sônia fora demitida. Em relação ao seu próprio caso, Cida era o principal exemplo de uma situação em que seu *voto* foi dissociado do *voto* de sua *família*. Segundo contou, seu sogro participou diretamente da campanha de Gil Fuccio, pintando faixas e participando de carreatas, e tanto Cida quanto seu marido, que trabalhava na Prefeitura, tiveram seus empregos ameaçados. A situação não teve o mesmo final que os demais casos porque o marido de Cida procurou Paulo pessoalmente, e lhe garantiu que nem ele e nem Cida acompanhariam o *voto* de sua *família*, o que, pelo que se sucedeu, parece ter sido suficiente.

A *família* atuava mais uma vez enquanto um signo variável, como observado no capítulo anterior, quando *alemães* buscavam estabelecer heterogeneidades em relação a outros *alemães*, ou em relação aos *de fora*. No modo como eram operacionalizadas durante a *política*, compunham unidades em disputa pelos *grupos* rivais, que possuíam em si a agência do *voto*, e que implicavam a seus membros as responsabilidades de suas escolhas. As demissões que afetaram os profissionais ligados à equipe de saúde da família da Clínica São Martinho relacionavam-se intimamente com o modo como as *famílias* integravam a disputa política e, apesar das objeções recorrentes, eram creditadas às suas escolhas o fato de tais profissionais não mais integrarem a equipe. O governo, enquanto uma composição que permitia a relação entre agentes de governo e moradores, recompunha-se de modo a evitar ameaça de enfraquecimento de suas vias de comunicação, evitando qualquer relação com aqueles que se supunha compor o grupo de Gil Fuccio e Dr. Romildo, ou ainda aqueles que pudessem se alvos de acusações constantes, como Júlio. Isto implicava todo um recomeço no trabalho de organização de sua administração pública.

Uma nova administração pública da saúde: a parceria entre Fernando e Nanci

> Ouvindo a reclamação de uma das agentes, Fernando completou: "Bom, o Júlio... vocês sabem... Mas agora está diferente. Agora tem como conversar" (Caderno de Campo, 16/01/2013).

Na administração pública da saúde, a principal consequência da *política* foi a substituição de Júlio na Secretaria da Saúde. A nova ocupante do cargo era Nanci, que, até então, havia sido assistente de Júlio. Antes de ocupar um cargo de gestão, Nanci havia trabalhado no Ambulatório 15 de Abril e na Clínica São Martinho como auxiliar de enfermagem, até o começo de 2011, quando foi substituída por Cida, a seu pedido. Desde então, realizou trabalhos administrativos para a Prefeitura e para a Secretaria Municipal de Saúde. A mudança na Secretaria de Saúde era conjecturada por aqueles que eram próximos a Paulo e Júlio, e era atribuída às desavenças de Júlio com membros e *correligionários* do *grupo* de Gil Fuccio e Dr. Romildo, assim como às desavenças com próprios agentes de governo, que, segundo Paulo, pediram a sua saída. A solução, para não retirar Júlio da administração pública, foi realocá-lo em uma nova Secretaria, a de Planejamento e Assistência Social. Quanto à Nanci, o que se dizia era que, com ela, haveria novamente um diálogo entre profissionais da saúde e Secretaria Municipal da Saúde, uma das queixas em relação a Júlio.

Acompanhei apenas uma reunião em que Nanci participou enquanto a nova secretária municipal de saúde, então no início de 2013. A reunião do Conselho Municipal de Saúde, convocada por Fernando, a pedido de Nanci, tinha como principal objetivo votar a aplicação de alguns recursos de que dispunha a Secretaria de Saúde naquele momento, e ocorreu na Clínica São Martinho. Além de Fernando, Nanci e eu, estavam presentes ainda uma enfermeira do Ambulatório 15 de Abril, Cida e apenas uma moradora, do Mirante, que participava da reunião enquanto usuária do sistema de saúde. Na principal pauta da reunião, a aplicação de recursos, o principal impasse fora causado pela utilização de mais da metade da quantia disponível para pagamento da cooperativa criada entre os médicos em exercício de São Martinho, que atuava como uma OSS (Organização Social de Saúde)[19] e era gerida por uma funcionária da Prefeitura que, entretanto, era acusada por Fernando e pelos demais médicos de não lhes recorrer em suas decisões. O pagamento da cooperativa deveria ficar a cargo da Prefeitura, mas o próprio prefeito pediu para Nanci propor o pagamento da cooperativa com os recursos da Secretaria da Saúde. Por unanimidade, o Conselho aprovou a aplicação dos recursos para pagamento da cooperativa, mas com a inclusão, na ata, de que tal decisão não se repetiria. Ata que, segundo Fernando, era a primeira vez que ele, assim como os demais membros do Conselho, decidiam sobre o que seria ou não preenchido, já que, segundo ele, Júlio chegava às reuniões do Conselho com a ata previamente preenchida e assinada.

A nova parceria entre Fernando e Nanci indicava, então, um novo equilíbrio naquilo que tocava à relação entre Secretaria Municipal de Saúde e Conselho Municipal de Saúde. Pois até então, o que se dizia, e Fernando partilhava desta opinião, era que Júlio havia sido fundamental para a organização da ESF em São Martinho, apesar de, no entanto, dificilmente se abrir ao diálogo, o que Fernando classificava como a "maneira enfática" (06/07/2011) de Júlio, que tomava para si todas as decisões relativas à administração da saúde pública. Com Nanci, esperava-se que estas decisões fossem partilhadas, desde uma simples assinatura da ata da reunião do Conselho, até a votação a aplicação de recursos disponíveis à Secretaria de Saúde. A atuação de Fernando enquanto agente de governo indicava uma alteração: se com Júlio sua parceria baseava-se principalmente em

---

19   As OSS atuam como uma associação civil sem fins lucrativos, que podem atuar nas áreas de ensino, pesquisa e prestações de serviço em saúde, contratadas pelo poder público como uma empresa privada, que deve ter sua atuação fiscalizada pelos órgãos públicos (Ibañez *et al.*, 2001). Fernando atribuía a criação da cooperativa à Lei de Responsabilidade fiscal (Lei Complementar nº 101, de 4 de maio de 2000), que implicava um controle entre receitas e despesas, que deveriam se equilibrar, inclusive nas despesas com pessoal e seguridade social. Com a cooperativa, os gastos com os salários dos médicos do município deixavam de constar nas constas públicas, apesar de ser a Prefeitura de São Martinho que arcava com os custos do contrato com a OSS.

trazer suas decisões burocráticas para uma justificativa embasada na *ciência*, com Nanci esperava-se uma paridade administrativa, em que ele próprio propusesse e formulasse objetivos administrativos e os modos para alcançá-los.

A reunião do Conselho de Saúde oferece ainda outra situação própria à recomposição de governo que passava a ser operada. Após a votação da aplicação de recursos, um informe feito por Nanci gerou uma nova pauta para debate: a partir de março de 2013, o ônibus responsável por levar pacientes de São Martinho até Porto Alegre, para realização de exames, cirurgias ou consultas médicas, não passaria mais pelos bairros da cidade, mas sairia apenas de um único local, o Ambulatório 15 de Abril. O assunto gerou debate, principalmente pela distância que separava os bairros do Centro da cidade, especialmente aqueles que formavam as regiões do Mirante, da Vila das Araucárias e da Vila da Graça, muito afastadas do Centro. A justificativa de Nanci era sintética: economia de gastos. Fernando foi especialmente enfático em concordar com a proposta de Nanci: para justificar a medida, lembrou que as *notícias* que *corriam* a respeito da administração da saúde pública de São Martinho eram de que sua principal função era a de um "serviço de taxi" (Fernando, 16/01/2013). Todos pareciam já ter escutado a expressão, e Fernando comentou que era comum os motoristas ligados à Secretaria da Saúde levarem e buscarem moradores por sua própria conta, alterando trajetos previamente estabelecidos, ou mesmo acrescentando novas viagens àquelas programadas. "Não é à toa", continuou Fernando, "que dois vereadores eleitos são motorista da Saúde" (idem) – ambos aliados de Paulo, um filiado ao mesmo partido do prefeito, o PP, e o segundo filiado ao PSB.

A composição de governo que passava a ser operada no período pós-eleitoral afetava diretamente, também, as vias de comunicação existentes entre agentes de governo e moradores. A disposição dos motoristas ligados à Secretaria da Saúde em alterarem trajetos a fim de prestarem ajuda a moradores que não dispunham de qualquer meio de transporte participava daquela economia das demandas própria ao poder de governo, que possibilitava uma via de relação pessoal entre moradores e agentes de governo, que pressupunha a troca, que, como indicado, era a garantia do *voto* na época da *política*. Um *voto* indispensável para o *grupo* de Paulo e Júlio, já que ambos os motoristas eram membros do mesmo *grupo*. No entanto, esta era uma via de mão dupla: estabelecia a possibilidade do *voto* e uma via de comunicação própria ao governo de São Martinho, mas, no sentido oposto, era alvo de acusações, algo que, assim como a nova organização dos gestores que ocupavam a administração pública previa, era preciso evitar.

Na nova composição de governo na qual se inseriam as novas relações entre Secretaria Municipal de Saúde, Conselho Municipal de Saúde, profissionais da saúde, além dos usuários do sistema público de saúde, um novo equilíbrio de poder passava a se operar. Em primeiro lugar, aquele que havia sido um dos protagonistas da disputa eleitoral, Júlio, deixara o cargo pelo qual lhe eram atribuídas as melhorias ocorridas no sistema público de saúde de São Martinho, especialmente na organização da ESF no município. Em segundo lugar, aquele que, até então, atuava como coadjuvante na gestão da saúde pública, Fernando, passou, com Nanci, a compor uma parceria que esperava-se ser paritária, principalmente através de uma nova posição do Conselho Municipal de Saúde na esfera administrativa. Em terceiro lugar, Lúcia e Sônia, atuantes em toda a organização proposta por Júlio para o sistema público de saúde, foram demitidas, e uma nova equipe ainda não se formara no início de 2013. Por fim, Nanci, que era coadjuvante de Júlio na Secretaria de Saúde, tonou-se a nova secretária municipal de saúde, celebrada pela maioria dos profissionais de saúde.

Neste ínterim, a saúde passou a ser um novo projeto administrativo, em especial para a organização de uma nova equipe de saúde da família para a Clínica São Martinho, e as *famílias*, usuárias do sistema público de saúde, atuaram como agentes fundamentais nesta nova composição de governo.

O GOVERNO E A *POLÍTICA* DA SAÚDE

Como descrito, em São Martinho, uma série de elementos não burocráticos atuavam diretamente na direção pela qual seguia a administração pública, como a *política*, as *famílias*, a *compra de votos*, as *notícias*, os *avisos* e os *grupos*. Deste modo, ao analisar aquilo que era próprio aos gestores que se responsabilizavam pelo processo de implementação da ESF no município, passou-se por toda uma composição de governo que contava, de um lado, com o uso que gestores e profissionais faziam dos espaços da administração pública, mas contava, por outro lado, com uma série de vias de comunicação que colocavam em relação moradores e agentes de governo. O cuidado para com estas vias de comunicação dava-se principalmente por elas atuarem enquanto um dos modos de publicização do governo, que, em tempos de *política*, poderiam fazer circular *notícias* e *avisos* favoráveis ao *grupo* rival, uma ameaça que não podia ser desconsiderada àqueles que, então, compunham o governo.

As vias de comunicação era a singularidade que perpassava pelos dois eixos que estabeleciam a relação entre agentes de governo e moradores. O primeiro eixo estabelecia a divisão entre aqueles que poderiam ser considerados agentes de governo – gestores e profissionais que partilhavam do poder de governo – e aqueles que estavam para fora deste poder; enquanto o outro eixo estabelecia duas composições pelas quais se davam as relações entre agentes de governo e moradores, o governo e a *política*, sendo que, nesta última, somavam-se os candidatos e *correligionários* ligados aos *grupos*. A ESF, enquanto uma política pública relegada aos cuidados de gestores e administradores municipais, devia boa parte de sua organização a este jogo de composições que, como vimos, poderia incluir agentes de governo que não atuavam em São Martinho.

Ao se analisar as vias pelas quais a ESF era implementada em São Martinho, aquilo que era próprio à administração da saúde pública, sua burocracia e lógica operacional, tornava-se uma parcela de uma composição de governo que se organizava estrategicamente, através de parcerias específicas, ameaças regulares e de informações privilegiadas, pelas quais aquilo que se mostrava viável em determinada situação poderia não se mostrar em outra, como no caso em que um conjunto de ações movidas pelo Ministério Público de Germana contra a Prefeitura de São Martinho se apresentara como a solução mais adequada à fila de espera de pacientes por cirurgias eletivas. A singularidade da ESF em São Martinho, no modo como era operacionalizada por aqueles responsáveis por implementá-la e executá-la, não provinha de sua "localidade administrativa": provinha, antes, da singularidade daquelas composições pelas quais ela poderia se tornar objeto de disputa, do governo e da *política*.

CONSIDERAÇÕES FINAIS

O objetivo deste trabalho foi descrever e analisar a implementação da Estratégia Saúde da Família em São Martinho. Assim, não tratamos de um objeto estático: transitamos por um processo, que envolveu uma variedade de sujeitos, espaços e situações, que se distribuíam como um emaranhado. Por jamais ter sido o objetivo deste texto tratar de uma totalidade, foi preciso mapear alguns feixes menores de relações na disposição deste emaranhado, que aqui se tornaram capítulos. Na variedade de sujeitos e situações de cada feixe, havia sempre uma produção que se destacava das demais: no Capítulo 1, uma *população de pacientes*; no Capítulo 2; uma *comunidade de alemães* e; no Capítulo 3, uma *composição de governo*. Cada feixe mantinha em suas bordas as aberturas que remetiam sua existência ao processo de implementação da ESF em São Martinho, principalmente na replicação de dois signos: *família* e *saúde*. No Capítulo 1, estes signos assumiram posições no interior de uma *classificação médica-estratégica*; no Capítulo 2, transitaram em uma *classificação moral-hierárquica*; e no Capítulo 3, foram operacionalizados enquanto *objeto de disputa* por gestores e candidatos. Por ser um processo dinâmico, a implementação da ESF se desenha como uma *singularidade*, que envolve sujeitos, espaços e relações específicas.

Ter por objetivo analisar a *implementação* de uma política pública implica, deste modo, analisá-la *em ação*, no cotidiano de seu funcionamento. Para problematizar a questão anunciada na Introdução desta dissertação – *como se constitui a ESF?* – é preciso ter isto em pauta: quando se trata de analisá-la em processo, sua disposição varia de acordo com os espaços tomados como referência de perspectiva, e isto não implica sua localidade. Uma política pública em ação se faz pelos sujeitos que nela atuam e se constituem, e seus contornos estarão sempre em movimento de acordo com aquilo que está em relação: a gestão da Secretaria Estadual de Saúde do Rio Grande do Sul não será a mesma se em relação à região metropolitana de Porto Alegre ou se em relação aos municípios da Encosta da Serra. Não é forçoso dizer que nestes casos haveria duas constituições distintas de uma mesma política pública, a ESF. Assim, a validade de ter por objetivo analisar o processo de implementação desta política pública em São Martinho é não tomá-la por uma totalidade, que no cotidiano jamais se constitui. A ESF vista de São Martinho derivava sua amplitude de sua especificidade: colocava em relação sujeitos e espaços que, de outra forma, poderiam jamais se relacionar.

Tomando a singularidade aqui descrita e analisada como a própria ESF no decurso de seu funcionamento, o que a constitui? Em primeiro lugar, uma *equipe de saúde da família*. No Capítulo 1, acompanhamos as consultas de Fernando, assim como as visitas realizadas por Sônia e Letícia aos moradores da Vila Alta e da Vila das Araucárias. Uma relação específica era buscada em suas rotinas de trabalho: o *vínculo* entre *médico* e *paciente*, e entre *agente comunitária de saúde* e *morador*. No primeiro caso, tal relação se produzia por um processo específico de subjetivação, que buscava construir um paciente que vinculasse sua saúde a um tratamento prolongado, administrado por Fernando. A *ciência* de Fernando oferecia os enunciados de consultório: a *ciência biopsicossocial*; a *epidemiologia*; e a *genética*. Através de tais enunciados, algumas técnicas de estabelecimento do vínculo passavam a estar a disposição: o *histórico familiar*; o *genograma*; a *anamnese*; o *embasamento epidemiológico*; o *diagnóstico*. O sujeito que se produzia nesta relação era um *paciente*, que não se resumia em seu próprio corpo, mas em suas relações familiares e afetivas, um *paciente/família*. No outro feixe de estabelecimento do vínculo estavam Sônia e Letícia, que mantinham uma rotina de visitas diárias aos moradores de suas microáreas. As sociabilidades previamente estabelecidas compunham com o programa de trabalho para a *identificação* de cada *família*, de seus membros, medicamentos e estados de saúde. Uma população passava a ser identificada e produzida na rotina das agentes, uma *população de pacientes*.

Deste modo, em segundo lugar, uma *população atendida* deve ser identificada para o funcionamento da ESF. A produção desta população, como se viu, é levada a cabo por técnicas e rotinas específicas, envolvendo profissionais distintos e, muitas vezes, frustradas por aqueles que a deveriam compor. Era isso que Fernando chamava de *desorganizar o sistema*. O *sistema* era *desorganizado*, conforme apresentado no Capítulo 2, por um conjunto de *alemães* que mantinham no *trabalho* o índice de sua ética e de sua moral. A relação para com o *trabalho* dos martinenses que se chamavam de *alemães* era o principal índice do modo de se conduzir em relação à vida, e isso envolvia a *família*, o *autocontrole*, a *discrição* e a *saúde*. O autocontrole necessário para bem dividir os dias entre aqueles reservados ao *trabalho* e aqueles reservados aos amigos – e à bebida – era indicativo de que um *homem* deixara de ser *guri*, e que, como *homem*, saberia se organizar entre o *trabalho*, à *família* e à *beber em comum* com amigos. As *alemoas* de modo algum restringiam-se ao espaço doméstico, e partilhavam com os *homens* a tarefa de manter uma *casa*, apesar da divisão de gênero que as impedia de frequentar, em dias comuns, os *clubes* do Centro. Toda uma classificação moral se realizava, no cotidiano, a partir de difamações que se faziam tomando o preceito de não deixar de trabalhar como índice, sendo a acusação de *preguiçoso* ou de *encostado* a posição menos desejada nesta classificação. De modo que, quando chamados a entrarem em uma relação médica que não visava a superação de um estado indesejado – a *doença* – mas a continuidade de um tratamento sem fim previsto, muitos *alemães* procuram outros canais de atendimento médico, fragmentando a continuidade proposta pela equipe da Clínica São Martinho.

Por fim, toda uma *composição de governo* deve se formar para a gestão da ESF. No caso de São Martinho, como acompanhado no Capítulo 3, esta composição se estendia para fora de seus limites territoriais, na participação de gestores que não atuavam nos espaços de administração pública do município. Do mesmo modo, muitos profissionais que não ocupavam cargos na administração pública atuavam enquanto *agentes de governo*, no controle e na administração de *vias de comunicação* específicas entre *gestores* e *moradores*. Pelas vias de comunicação, muitas vezes pessoais e restritas a poucos participantes, demandas poderiam ser encaminhadas à administração pública, trocas se realizavam e *famílias* passavam a compor *grupos* que, durante a época da *política*, angariavam *votos* e transformavam-se em *correligionários*. As opções de gestão oferecidas aos ocupantes da administração pública da saúde de São Martinho levavam em conta, em outras coisas, a manutenção destas vias de comunicação, o que se tornava ainda mais evidente durante a *política*, quando os serviços públicos de saúde se tornaram matéria para *acusações, notícias* e *avisos*. A gestão da ESF em São Martinho passava por uma extensão que não era local, e por uma composição que não era simplesmente burocrática, mas também estratégica, na qual *burocracia, famílias, grupos* e *política* atuavam com igual intensidade, compondo *governo*.

Pelos capítulos, foram apresentados alguns feixes de situações e relações que davam forma a este emaranhado que chamo de Estratégia Saúde da Família. Sua disposição foi distribuída espacialmente – pelos espaços que permitiam seu funcionamento – e temporalmente – de acordo com cada período de trabalho de campo. A diacronia de sua composição impedia-me de estabelecer definitivamente os limites que determinavam o que fazia e o que não fazia parte desta política pública. As reuniões do Conselho Municipal de Saúde ou a realização da III Conferência Municipal de Saúde de São Martinho talvez se apresentem como cenas melhor credenciadas para uma etnografia sobre a implementação de uma política pública de atendimento à saúde, mas de que maneira deixar um tema como o *trabalho* para os *alemães*, que implicava mesmo no uso que faziam do atendimento ofertado pela Clínica São Martinho, de fora da análise? De que modo não trazer para o problema uma lógica política que, por se compor em *grupos* rivais, tem como resultado a demissão de metade da equipe de saúde da família da Clínica São Martinho? De que modo, ainda, tratar deste emaranhado sem buscar identificar o que é Estado e o que não é?

Nesta relação suposta, os agentes comunitários de saúde atuam enquanto a válvula de escape preferida às análises:[1] de um lado,

---

[1] Eles fariam a tradução de "termos técnico-científicos" para uma linguagem "leiga" (Coelho, 2011), ou, ainda, seriam "burocratas de nível de rua", capazes de relacionar-se com moradores a partir de suas experiências prévias sem, contudo, trazer tais experiências para a organização de seu trabalho (Lotta, 2010).

haveria o Estado, de outro, a comunidade, e, entre ambos, haveria os agentes, que capilarizariam o poder de Estado por entre os moradores atendidos. Neste livro, em direção oposta, aqueles que poderiam ser chamados de Estado conviveram com boa parte dos moradores antes de ocuparem cargos na administração pública, possuem rostos, histórias e trajetórias singulares. O modo como participam deste emaranhado não é enquanto representantes do Estado, mas enquanto *agentes de governo*. Buscam organizar, controlar, administrar e governar esta multiplicidade de sujeitos e espaços que constitui a ESF, e partilham deste poder com outros agentes que não necessariamente ocupam cargos na administração pública. Sob este governo, a ESF funciona em feixes de situações localizáveis, como a *clínica* e as *casas*, mas também nos *clubes*, nas *roças* e nas *fábricas*. Quando se diz *saúde* e *família* neste processo, nada implica se não localizado em cada um desses feixes.

Em São Martinho, a implementação da Estratégia Saúde da Família opera, em primeiro lugar, por uma *clínica*: é preciso trazer os moradores para a Clínica São Martinho, ouvi-los, diagnosticá-los, ter um cuidado especial para que, como *alemães*, não deixem de ser *pacientes* e não desfaçam o *vínculo*. Em segundo lugar, por uma *identificação*: é preciso ir de *casa* em *casa*, em cada bairro, para ter controle sobre cada *família*, cada tratamento, antes que, como *alemães*, *desorganizem o sistema*. Em terceiro lugar, por uma *moral*: o preceito de não deixar de trabalhar e a classificação moral que se faz a partir disso implica o modo como cada morador fará uso dos canais de atendimento médico, como a Clínica São Martinho. Em quarto lugar, por um *governo*: gestores, moradores e profissionais estabelecem vias de comunicação e parcerias que guiam boa parte das decisões daqueles que ocupam os cargos da administração pública da saúde. Enfim, por uma *política*: os serviços públicos de saúde, e a ESF como o único modelo de atenção básica de São Martinho, são operacionalizados enquanto objeto de disputa e de troca de acusações, e todo seu funcionamento pode se alterar durante a época da *política*.

Saúde e *família* eram signos que transitavam por estes feixes. Era, justamente, o que comunicava e o que caracterizava a distância entre cada um deles. Faziam parte de um mesmo processo, mas expressavam, mais do que qualquer outra coisa, a multiplicidade de sujeitos e relações que se inseriam neste emaranhado. *Saúde* poderia variar de um estado sempre latente e dependente de acompanhamento médico – algo que se possa gerir –, para uma expressão visível que se via na disposição física para o trabalho, ou ainda para um objeto de governo, que implicava o controle daquilo que poderia interferir na regularidade do atendimento. *Família*, como vimos, poderia ser objeto da clínica, no estabelecimento da *função* de cada membro para o bem-estar do paciente; poderia ser uma composição marcada pela heterogeneidade em relação aos parentes que não partilham o *trabalho* e a *casa*; ou ainda *correligionárias* na composição dos grupos, enquanto unidade mínima do *voto*.

Ao final deste trabalho, o que São Martinho oferece? Um desenho, no qual a Estratégia Saúde da Família se apresenta em seus desacordos, próprios a uma política pública que se faz de sujeitos díspares, idealmente participantes de um mesmo processo, mas conectados por um emaranhado que se replica em feixes móveis. Se há uma dissonância justamente nos dois signos que deveriam resumir esta política, é por não haver unidades antagônicas, e muito menos uma hierarquia estatal que se capilarizaria até os meandros da Encosta da Serra. Para falar de ESF foi preciso falar da *clínica*, das *famílias* e do *governo*. O cotidiano de São Martinho ofereceu aquilo que era atual: uma política pública em ação, sem dentro ou fora, sem sucesso ou fracasso, na agonia de sujeitos que muitas vezes falam línguas distintas.

BIBLIOGRAFIA

ABU-LUGHOD, L. *Veiled sentiments: honour and poetry in a Beduin society*. Berkeley: University of California Press, 1988.

ALMEIDA, R. *A Igreja Universal e seus demônios: um estudo etnográfico*. São Paulo: Editora Terceiro Nome, 2009.

ANDERSON, M. I. P. et al. A medicina de família e comunidade, a atenção primária à saúde e o ensino de graduação: recomendações e potencialidades. *Revista Brasileira de Medicina de Família e Comunidade*, Rio de Janeiro, v. 3, n. 11, p. 157-172, out.-dez. 2007.

AZEVEDO, D. A Igreja Católica e seu Papel Político no Brasil. *Estudos Avançados*, São Paulo, v. 18, n. 52, set.-dez. 2004. Disponível em: <http://www.scielo.br/scielo.php?script=sci_arttext&pid=S0103-40142004000300009&lang=pt>. Acessado em: 14/05/2013.

BHABHA, H. *O local da cultura*. Belo Horizonte: Editora UFMG, 2007.

BLOK, A. Rams and Billy-Goats: a key to the mediterranean code of Honour. *Man*. Londres, v. 16, n. 3, p. 427-440, set. 1981.

BOLTANSKI, L. *As Classes Sociais e o corpo*. São Paulo: Paz e Terra, 2004.

BORGES, A. M. *Tempo de Brasília: etnografando lugares-eventos da política*. Rio de Janeiro: Relume Dumará, 2003.

BOURDIEU, P. Tres Estudios de Etnología Cabilia. In: BOURDIEU, P. *Sociología de Argelia y tres estudios de etnología Cabilia*. Madri: Centro de Investigaciones Sociológicas/ Boletín Oficial del Estado, 2006a.

_____ O camponês e seu corpo. *Revista de Sociologia e Política*, Curitiba, n. 26, jun. 2006b, p. 83-92.

_____ *A dominação masculina*. Rio de Janeiro: Bertrand Brasil, 2002.

BOUSQUAT, A. *et al*. Implantação do Programa Saúde da Família e exclusão sócio-espacial no Município de São Paulo, Brasil. *Cadernos de Saúde Pública*, Rio de Janeiro, v. 22, n. 9, set. 2006. Disponível em: <http://www.scielo.br/scielo.php?script=sci_arttext&pid=S0102-311X2006000900025&lang=pt>. Acessado em: 07/08/2011.

BRASIL. *Constituição da República Federativa do Brasil*. Rio de Janeiro: DP & A Editora, 2005.

CAMARGO, C. S. Entre partidos políticos, facções, redes e famílias: o que são os grupos políticos no sertão de Pernambuco? *Cadernos de Campo*, São Paulo, v. 23, n. 23, p. 11-27, 2014.

_____ *Partidos e grupos políticos num município do Sertão de Pernambuco*. Dissertação (Mestrado em Antropologia Social). Programa de Pós-Graduação em Antropologia Social, Centro de Educação e Ciências Humanas, Universidade Federal de São Carlos, São Carlos, 2012.

CAMPBELL, J. K. *Honour, Family and Patronage*. New York & Oxford: Oxford University Press, 1964.

CARDOSO, M. *Médicos e clientela: da assistência psiquiátrica à comunidade*. São Carlos: Editora da UFSCar, 1999.

CARVALHO, T. C. & GIANINI, R. J. Equidade no tempo de espera para determinadas cirurgias eletivas segundo o tipo de hospital em Sorocaba, SP. *Revista Brasileira de Epidemiologia*, São Paulo, v. 11, n. 3, set. 2008. Disponível em: <http://www.scielo.br/scielo.php?script=sci_arttext&pid=S1415--790X2008000300014&lang=pt>. Acessado em: 12/02/2013.

CASTRO, J. D. *et al*. Custo-Efetividade: comparação entre o modelo "tradicional" e o Programa de Saúde da Família. *Revista Bra-

sileira de Medicina de Família e Comunidade, Rio de Janeiro, v. 3, n. 10, p. 91-98, jul.-set. 2007.

CEFAÏ, D. Como uma associação nasce para o público: vínculos locais e arena pública em torno da associação *La Bellevilleuse*, em Paris. In: CEFAÏ, D. et al. (Org.) *Arenas públicas: por uma etnografia da vida associativa*. Niterói: Editora da UFF, 2011.

_____ Provações corporais: uma etnografia fenomenológica entre moradores de rua de Paris. *Lua Nova*, São Paulo, n. 79, 2010. Disponível em: <http://www.scielo.br/scielo.php?script=sci_arttext&pid=S0102-64452010000100005&lng=pt&nrm=iso&tlng=pt>. Acessado em: 08/08/2010.

COELHO, J. A. G. *Saberes e práticas de saúde em campo: um olhar antropológico sobre a Estratégia de Saúde da Família na Praia Azul-SP*. Dissertação (Mestrado em Antropologia Social). Centro de Educação e Ciências Humanas, Departamento de Antropologia Social, Universidade Federal de São Carlos, 2011.

COHN, A. A reforma sanitária brasileira após 20 anos do SUS: reflexões. *Cadernos de Saúde Pública*, Rio de Janeiro, v. 25, n. 7, jul. 2009. Disponível em: <http://www.scielo.br/scielo.php?script=sci_arttext&pid=S0102-311X2009000700020&lang=pt>. Acessado em: 07/08/2011.

COMERFORD, J. C. *Como Uma Família: sociabilidade, territórios de parentesco e sindicalismo rural*. Rio de Janeiro: Relume Dumará, 2003.

CONSELHO NACIONAL DE SAÚDE (CNS). *Legislação*. 2013. Disponível em: <http://conselho.saude.gov.br/legislacao/lei8142_281290.htm>. Acessado em: 14/05/2013.

CORRÊA, M. Repensando a Família Patriarcal Brasileira. *Cadernos de Pesquisa*, São Paulo, n. 37, mai. 1981, p. 5-16.

DAS, V. & POOLE, D. El Estado y Sus Márgenes: etnografías comparadas. *Cuadernos de Antropología Social*, Buenos Aires, n. 27, p. 19-52, 2008.

DE CERTAU, M. *El Lugar del Otro: historia religiosa y mística*. Buenos Aires: Katz Editores, 2007.

DE MARCO, M. A. Do modelo biomédico ao modelo biopsicossocial: um projeto de educação permanente. *Revista Brasileira de Educação Médica*, Rio de Janeiro, v.30, n.1, jan.-abr. 2006. Disponível em: <http://www.scielo.br/scielo.php?script=sci_arttext&pid=S0100-55022006000100010&lang=pt>. Acessado em: 20/02/2013.

DELEUZE, G. *Foucault*. São Paulo: Brasiliense, 2008.

DELEUZE, G. & GUATTARI, F. 20 de Novembro de 1923 – Postulados da Linguística. In: DELEUZE, G. & GUATTARI, F. *Mil platôs*. São Paulo: Editora 34, 2007. Volume 2, p. 11-59.

_____ 587a.C. – 70d.C. – Sobre Alguns Regimes de Signos. In: DELEUZE, G. & GUATTARI, F. *Mil platôs*. São Paulo: Editora 34, 2007b. Volume 2, p. 61-107.

DEPARTAMENTO DE ATENÇÃO BÁSICA (DAB). *Histórico de cobertura da saúde da família*. Disponível em: <http://dab.saude.gov.br/portaldab/historico_cobertura_sf.php>. Acessado em: 08/10/2015.

DURKHEIM, E. *Da Divisão do trabalho social*. São Paulo: Martins Fontes, 1999.

_____ *As Formas elementares de vida religiosa*. São Paulo: Edições Paulinas, 1989.

ELIAS, N. *O Processo Civilizador: uma história dos costumes*. Rio de Janeiro: Jorge Zahar Editor, 1994. Volume 1.

ESCOREL, S. História das políticas de saúde no Brasil de 1964 a 1990: do golpe militar à reforma sanitária. In: GIOVANELLA, L. et al. *Políticas e sistemas de saúde no Brasil*. Rio de Janeiro: Editora FIOCRUZ, 2008.

FAORO, Raimundo. *Os donos do poder: formação do pratonato político brasileiro*. São Paulo: Globo/Publifolha, 2000.

FAVRET-SAADA, J. Ser Afetado. *Cadernos de Campo*, São Paulo, n. 13, p. 155-161, 2005.

FELTRAN, G. S. *Fronteiras de tensão: política e violência nas periferias de São Paulo*. São Paulo: Editora da UNESP/ Centro de Estudos da Metrópole-CEBRAP, 2011

_____ Margens da política, fronteiras da violência: uma ação coletiva das periferias de São Paulo. *Lua Nova*, São Paulo, n. 79, p. 201-233, 2010.

FERREIRA, L. C. M. Disputas de papel: rotinas formais e demandas morais na administração de casos de crianças desaparecidas em um órgão de assistência social. In: *29ª Reunião Brasileira de Antropologia*, Natal, 2014. Anais da 29ª RBA. Natal: Associação Brasileira de Antropologia.

_____ "Apenas preencher papel": reflexões sobre registros policiais de desaparecimento de pessoa e outros documentos. *Mana*, Rio de Janeiro, vol.19, n. 1, 2013. Disponível em: <http://www.scielo.br/scielo.php?pid=S0104-93132013000100002&script=sci_arttext>. Acessado em: 10/10/2015.

Finkelsztejn, a. *et al*. Encaminhamentos da Atenção Primária para Avaliação Neurológica em Porto Alegre, Brasil. *Physis*, Rio de Janeiro, v. 19, n. 3, 2009. Disponível em: <http://www.scielo.br/scielo.php?script=sci_arttext&pid=S0103-73312009000300010&lang=pt>. Acessado em: 20/04/2013.

FOUCAULT, M. *Segurança, território, população*. São Paulo: Martins Fontes, 2008a.

_____ *Nascimento da biopolítica*. São Paulo: Martins Fontes, 2008b.

_____ *História da sexualidade I: a vontade de saber*. Rio de Janeiro: Graal, 2006.

_____ *A verdade e as formas jurídicas*. Rio de Janeiro: NAU Editora, 2005.

_____ *Em defesa da sociedade*. São Paulo: Martins Fontes, 2002.

_____ O sujeito e o poder. In: DREYFUS, H. & RABINOW, P. *Michel Foucault, uma trajetória filosófica: para além do estruturalismo e da hermenêutica*. Rio de Janeiro: Editora Forense Universitária, 1995, p. 231-249.

_____ *História da Sexualidade II: o uso dos prazeres*. Rio de Janeiro: Edições Graal, 1988.

FREYRE, G. *Sobrados e mucambos: decadência do patriarcado rural e desenvolvimento do urbano*. Rio de Janeiro: Editora Record, 2000.

GIOVANELLA, L. & MENDONÇA, M. H. M. Atenção Primária à Saúde. In: GIOVANELLA, L. et al. *Políticas e sistemas de Saúde no Brasil*. Rio de Janeiro: Editora FIOCRUZ, 2008.

GODOY, Emília Pietrafesa de. *O Trabalho da memória: cotidiano e história no sertão do Piauí*. Campinas: Editora da Unicamp, 1999.

GUPTA, A. & FERGUSON, J. Beyond "Culture": space, identity, and the politics of difference. *Cultural anthropology*, Arlington, v. 7, n. 1, fev. 1992, p. 6-23. Disponível em: <http://links.jstor.org/sici?sici=0886-7356%28199202%297%3A1%3C6%3AB%22SIAT%3E2.0.CO%3B2-6>. Acessado em: 07/10/2011.

HEGEL, Georg W. F. *O Sistema de vida ética*. Lisboa: Edições 70, 1991.

HERZFELD, M. *Anthropology through the looking glass: critical ethnography in the margins of Europe*. Cambridge: Cambridge University Press, 1987.

HOLANDA, Sérgio Buarque. *Raízes do Brasil*. Rio de Janeiro: Livraria José Olympio Editora, 1976.

IBAÑEZ, N. et al. Organizações Sociais de Saúde: o modelo do Estado de São Paulo. *Ciência & Saúde Coletiva*, São Paulo, v. 6, n. 2, 2001. Disponível em: <http://www.scielo.br/scielo.php?script=sci_arttext&pid=S1413--81232001000200009&lang=pt>. Acessado em: 14/05/2013.

INSTITUTO BRASILEIRO DE GEOGRAFIA E ESTATÍSTICA (IBGE). *Base de Dados do Censo 2010*. Disponível em: <http://www.ibge.gov.br/censo2010/primeiros_dados_divulgados/index.php?uf=43>. Acessado em: 02/02/2011.

JULLIEN, F. *Fundar a Moral: diálogo de Mêncio com um filósofo das luzes*. São Paulo: Discurso Editorial, 2001.

_____ *O diálogo entre as culturas: do universal ao multiculturalismo*. Rio de Janeiro: Jorge Zahar, 2009.

KOURY, I. C. V. et al. Relato de Experiência. *Revista Brasileira de Medicina de Família e Comunidade*, Rio de Janeiro, v. 1, n.3, p. 92-94, out.-dez. 2005.

LEAL, Victor Nunes. *Coronelismo, enxada e voto*. Rio de Janeiro: Nova Fronteira, 1997.

LÉVI-STRAUSS, C. *A Via das máscaras*. Lisboa: Editorial Presença, 1979.

LOCKE, John. *Dois Tratados sobre o governo*. São Paulo: Martins Fontes, 2005.

LOTTA, G. *Implementação de Políticas Públicas: o impacto dos fatores relacionais e organizacionais sobre a atuação dos burocratas de nível de rua no Programa Saúde da Família*.Tese (Doutorado em Ciência Política). Faculdade de Filosofia, Letras e Ciências Humanas, Universidade de São Paulo, São Paulo, 2010.

MACHADO DA SILVA, L. A. Violência Urbana, Sociabilidade Violenta e Agenda Pública. In: MACHADO DA SILVA, L. A. *Vida sob cerco: violência e rotina nas favelas do Rio de Janeiro*. Rio de Janeiro: Nova Fronteira, 2008, p. 35-45.

Marques, A. C. *Intrigas e Questões. vingança de família e tramas sociais no sertão de Pernambuco*. Rio de Janeiro: Relume Dumará, 2002.

_____ Algumas Faces de Outros Eus: honra e patronagem na antropologia do mediterrâneo. *Mana*, Rio de Janeiro, v. 5, n. 1, 1999, p. 131-147.

MARQUES, A. C.; COMERFORD, J. C. & CHAVES, C. A. Traições, Intrigas, Fofocas e Vinganças: notas para uma abordagem etnográfica do conflito. In: MARQUES, A. C. *Conflitos, Política e relações pessoais*. Campinas: Pontes Editores, 2007.

MINISTÉRIO DO DESENVOLVIMENTO SOCIAL E COMBATE À FOME (MDF). *Bolsa Família*, 2013. Disponível em: <http://www.mds.gov.br/bolsafamilia>. Acessado em: 13/03/2013.

MINISTÉRIO DO TRABALHO E DO EMPREGO (MTE). *Cadastro Geral de Empregados e Desempregados (Caged), Perfil do Município*, 2012. Disponível em: <http://bi.mte.gov.br/bg-

caged/caged_perfil_municipio/index.php>. Acessado em: 20/11/2012.

NADAI, L. Os cartórios confessionais e seus silêncios: ouvir/narrar estupros numa Delegacia de Defesa da Mulher (DDM) de Campinas. In: *29ª Reunião Brasileira de Antropologia*, Natal, 2014. Anais da 29ª RBA. Natal: Associação Brasileira de Antropologia.

_____ *Descrever Crimes, Decifrar Convenções Narrativas: uma etnografia entre documentos oficiais da Delegacia de Defesa da Mulher de Campinas em casos de estupro e atentado violento ao pudor*. Dissertação (Mestrado em Antropologia Social). Instituto de Filosofia e Ciências Humanas, Universidade Estadual de Campinas, Campinas, 2012.

NORONHA, J. C. et al. O Sistema Único de Saúde – SUS. In: GIOVANELLA, L. et al. *Políticas e Sistemas de Saúde no Brasil*. Rio de Janeiro: Editora FIOCRUZ, 2008.

PALMEIRA, M. Política, Facções e Voto. In: PALMEIRA, M. & GOLDMAN, M. *Antropologia, voto e representação política*. Rio de Janeiro: Contra Capa, 1996.

PERISTIANY, J. G. (Org.) *Honra e vergonha nas sociedades Mediterrâneas*. Lisboa: Calouste Gulbenkian, 1966.

RODRIGUES, R. D. Programa de Residência em Medicina de Família e Comunidade da Uerj: uma perspectiva histórica. *Revista Brasileira de Medicina de Família e Comunidade*, Rio de Janeiro, v. 3, n. 11, p. 149-156, out.-dez. 2007.

ROUSSEAU, Jean-Jacques. *O contrato social*. São Paulo: Martins Fontes, 2006.

RUI, T. "Isso não é um Cachimbo": sobre usuários de crack, seus artefatos e suas relações. *Áskesis*, São Carlos, v. 1, n. 1, p. 32-45, jan.-jul. 2012.

SCOTT, J. C. Formas cotidianas de resistência camponesa. *Raízes*, Campina Grande, n. 01, v. 21, 2002.

SECRETARIA DA FAZENDA DO RS. Manual de Entidade: "a nota é minha" e "nota solidária". Porto Alegre: Secretaria da Fazendo do Rio Grande do Sul, s/d. Disponível em: <http://www.

solidariedade.rs.gov.br/downloads/SLD_Manual_de_Entidade.pdf>. Acessado em: 12/09/2012.

Secretaria de Planejamento, Gestão e Participação Cidadã-RS. Documentos e Orientações sobre o Processo de Participação Popular e Cidadã. 2013. Disponível em: <http://www.portaldaparticipacao.rs.gov.br/documentos-sistema/>. Acessado em: 14/05/2013.

SEEGER, A. et al. A construção da pessoa nas sociedades indígenas Brasileiras. *Boletim do Museu Nacional*, Rio de Janeiro, n. 32, mai. 1979, p. 2-19.

SIMMEL, G. A Sociabilidade: exemplo de sociologia pura ou formal. In: SIMMEL, G. *Questões fundamentais da sociologia*. Rio de Janeiro: Jorge Zahar Editor, 2006.

SOUZA, A. C. M. The Brazilian Family. In: Smith, L. & Marchant, A. *Brazil: portrait of half a continent*. Nova Iorque: The Dryden Press, 1951.

STENGERS, I. *A invenção das Ciências Modernas*. São Paulo: Editora 34, 2002.

TOMIO, F. R. L. A Criação de Municípios após a Constituição de 1988. *Revista Brasileira de Ciências Sociais*, São Paulo, v. 17, n. 48, fev. 2002. Disponível em: <http://www.scielo.br/scielo.php?pid=S0102-69092002000100006&script=sci_arttext>. Acessado em: 10/09/2012.

TRAD, L. A. B. & ESPERIDIÃO, M. A. Sentidos e práticas da humanização na Estratégia de Saúde da Família: a visão de usuários em seis municípios do Nordeste. *Physis: Revista de Saúde Coletiva*, Rio de Janeiro, v. 20, n. 4, dez. 2010. Disponível em: <http://www.scielo.br/scielo.php?script=sci_arttext&pid=S0103-73312010000400003&lang=pt>. Acessado em: 07/08/2011.

TRAD, L. A. B. & ROCHA, A. A. R. M. Condições e processo de trabalho no cotidiano do Programa Saúde da Família: coerência com princípios da humanização em saúde. *Ciência & Saúde Coletiva*, Rio de Janeiro, v. 16, n. 3, mar. 2011. Disponível em: <http://www.scielo.br/scielo.php?script=sci_

arttext&pid=S1413-81232011000300031&lang=pt>. Acessado em: 07/08/2011.

TRIBUNAL SUPERIOR ELEITORAL (TSE). *Código Eleitoral Anotado e Legislação Complementar*. Brasília: Tribunal Superior Eleitoral; Secretaria de Gestão da Informação, 2012. Disponível em: <http://www.tse.jus.br/hotSites/CatalogoPublicacoes/pdf/codigo_eleitoral_2012/TSE-Codigo-Eleitoral-2012-Web.pdf>. Acessado em: 12/09/2012.

VEYNE, P. *Quando nosso mundo se tornou Cristão: 312-394*. Rio de Janeiro: Civilização Brasileira, 2011.

VILLELA. J. M. Moral da Política e Antropologia das Relações de Poder no Sertão de Pernambuco. *Lua Nova*, São Paulo, n. 79, p. 163-199, 2010.

WACQUANT, L. J. D. *Corpo e alma: notas etnográficas de um aprendiz de boxe*. Rio de Janeiro: Relume Dumará, 2002.

WEBER, C. A. T. *Programa de Saúde da Família: educação e controle da população*. Porto Alegre: AGE, 2006.

WEBER, M. *Economia e sociedade: fundamentos da sociologia compreensiva*. Brasília/São Paulo: Editora da Universidade de Brasília/Imprensa Oficial do Estado de São Paulo, 1999.

WENDT, N. C. & CREPALDI, M. A. A Utilização do Genograma como Instrumento de Coleta de Dados na Pesquisa Qualitativa. *Psicologia: Reflexão e Crítica*, Porto Alegre, v. 21, n. 2, 2008, p. 302-310. Disponível em: <http://www.scielo.br/pdf/prc/v21n2/a16v21n2.pdf>. Acessado em: 20/02/2013.

WHYTE, W. F. *Sociedade de esquina: a estrutura social de uma área urbana pobre e degradada*. Rio de Janeiro: Jorge Zahar Editor, 2005.

WIKAN, U. *Behind the veil in Arabia: women in Oman*. Chicago: Chicago University Press, 1991.

_____ Shame and Honour: a contestable pair. *Man*, Londres, v. 19, n. 4, p. 635-652, dez. 1984.

WILLIENS, E. *A Aculturação dos Alemães no Brasil: estudo antropológico dos imigrantes alemães e seus descendentes no Brasil*. São Paulo: Companhia Editora Nacional, 1980.

WOORTMANN, Ellen. *Herdeiros, parentes e compadres: colonos do Sul e sitiantes do Nordeste*. São Paulo/ Brasília: Hucitec/ Editora da UnB, 1995.

Alameda nas redes sociais:
Site: www.alamedaeditorial.com.br
Facebook.com/alamedaeditorial/
Twitter.com/editoraalameda
Instagram.com/editora_alameda/

Esta obra foi impressa em São Paulo no verão de 2018. No texto foi utilizada a fonte Minion Pro em corpo 10,25 e entrelinha de 13 pontos.